CAPTAÇÃO DE RECURSOS PARA STARTUPS E EMPRESAS DE IMPACTO

Guia Prático

Marco Gorini
Haroldo da Gama Torres

CAPTAÇÃO DE RECURSOS PARA STARTUPS E EMPRESAS DE IMPACTO

Guia Prático

ALTA BOOKS
EDITORA
Rio de Janeiro, 2016

Captação de Recursos para Startups e Empresas de Impacto

Copyright © 2016 da Starlin Alta Editora e Consultoria Eireli. ISBN: 978-85-7608-950-6

Todos os direitos estão reservados e protegidos por Lei. Nenhuma parte deste livro, sem autorização prévia por escrito da editora, poderá ser reproduzida ou transmitida. A violação dos Direitos Autorais é crime estabelecido na Lei nº 9.610/98 e com punição de acordo com o artigo 184 do Código Penal.

A editora não se responsabiliza pelo conteúdo da obra, formulada exclusivamente pelo(s) autor(es).

Marcas Registradas: Todos os termos mencionados e reconhecidos como Marca Registrada e/ou Comercial são de responsabilidade de seus proprietários. A editora informa não estar associada a nenhum produto e/ou fornecedor apresentado no livro.

Impresso no Brasil — Edição revisada conforme o Acordo Ortográfico da Língua Portuguesa de 2008.

Produção Editorial Editora Alta Books **Gerência Editorial** Anderson Vieira **Assistente Editorial** Jessica Carvalho	**Supervisão Editorial** **(Controle de Qualidade)** Sergio de Souza **Produtor Editorial** Claudia Braga Thiê Alves	**Design Editorial** Aurélio Corrêa **Marketing Editorial** marketing@altabooks.com.br	**Gerência de Captação e** **Contratação de Obras** J. A. Rugeri **Marco Pace** autoria@altabooks.com.br	**Vendas Atacado e Varejo** Daniele Fonseca Viviane Paiva comercial@altabooks.com.br **Ouvidoria** ouvidoria@altabooks.com.br

Equipe Editorial	Carolina Giannini Christian Danniel	Juliana de Oliveira Renan Castro	Silas Amaro

Revisão Gramatical Audrey Pereira Iara Zanardo	**Diagramação** Daniel Vargas	**Capa** Aurélio Corrêa

Erratas e arquivos de apoio: No site da editora relatamos, com a devida correção, qualquer erro encontrado em nossos livros, bem como disponibilizamos arquivos de apoio se aplicáveis à obra em questão.

Acesse o site www.altabooks.com.br e procure pelo título do livro desejado para ter acesso às erratas, aos arquivos de apoio e/ou a outros conteúdos aplicáveis à obra.

Suporte Técnico: A obra é comercializada na forma em que está, sem direito a suporte técnico ou orientação pessoal/exclusiva ao leitor.

Dados Internacionais de Catalogação na Publicação (CIP)

G669c   Gorini, Marco.
            Captação de recursos para startups e empresas de impacto :
            um guia prático / Marco Gorini, Haroldo da Gama Torres. – Rio de
            Janeiro, RJ : Alta Books, 2015.
            224 p. : il. ; 21 cm.

            Inclui bibliografia, índice e anexos.
            ISBN 978-85-7608-950-6

            1. Captação de recursos - Startups. 2. Empresas novas - Captação de recursos. 3. Empreendedorismo. 4. Negócios. 5. Fontes de investimento. 6. Subvenções. I. Torres, Haroldo da Gama. II. Título.

                                                       CDU 658.14
                                                       CDD 658.15224

Índice para catálogo sistemático:
1. Captação de recursos : Startups   658.14

(Bibliotecária responsável: Sabrina Leal Araujo – CRB 10/1507)

Rua Viúva Cláudio, 291 — Bairro Industrial do Jacaré
CEP: 20970-031 — Rio de Janeiro
Tels.: 21 3278-8069/8419 Fax: 21 3277-1253
www.altabooks.com.br — e-mail: altabooks@altabooks.com.br
www.facebook.com/altabooks — www.twitter.com/alta_books

Sumário

PREFÁCIO VIII

APRESENTAÇÃO XI

INTRODUÇÃO XVII

CAPÍTULO 1 — O EMPREENDEDOR, SEU SONHO E SEU NEGÓCIO 1
   1.1. Quem é você, empreendedor? 3
   1.2. O modelo de negócio e o plano de negócio 17
   1.3. Próximos passos 34

CAPÍTULO 2 — ACESSO A RECURSOS NA FORMA DE DÍVIDA 37
   2.1. A importância de levar em conta o tempo
       entre desejar o recurso e obter o recurso 38
   2.2. Principais fontes de recursos via dívida 41
   2.3. Aspectos a considerar na captação de recursos via dívida 60
   2.4. A captação 74
   2.5. Próximos passos 78

CAPÍTULO 3 — ACESSO A INVESTIMENTO (EQUITY) 79
   3.1. Principais fontes de investimento (*equity*) 82
   3.2. Aspectos a considerar na captação de investimentos 98
   3.3. Passo a passo da captação de recursos via *equity* 114
   3.4. Roteiro do projeto de investimento – info memo 125

CAPÍTULO 4 — ACESSO À SUBVENÇÃO 135
   4.1. Principais fontes de subvenção 139
   4.2. O que ter em mente na captação de subvenções 149
   4.3. Roteiro do projeto de captação de subvenção 153

ANEXO 1 161

ANEXO 2 165

ANEXO 3 171

ANEXO 4 177

BIBLIOGRAFIA 181

GLOSSÁRIO 185

ÍNDICE 195

Prefácio

por Fernando Dolabela

No século XVIII, enquanto a Revolução Industrial explodia na Inglaterra e nos Estados Unidos, no Brasil colônia era proibido abrir indústrias e gráficas. Além disso, o comércio era privativo dos nascidos na corte. No século XIX, o nosso primeiro grande empreendedor, Barão de Mauá, foi perseguido pelo establishment até a falência. Em meados do século XX, iniciamos um processo de substituição de importações que gerou um importante parque industrial, apoiado, no entanto, sobre alicerces frágeis, como proteção e subsídios a setores escolhidos, reservas de mercados, tecnologia importada e foco nas grandes empresas industriais.

A livre concorrência era frágil e a competitividade era baixa. Heranças dessa fase, as vendas externas até hoje se restringem quase que somente a commodities, e a inovação é muito pequena. Consequência dessa história, a formação de know-how gerencial tem sido dirigida à solução de problemas das grandes organizações. Acadêmicos e consultores desenvolvem tecnologias de marketing, finanças e gestão, tendo em vista o que se desenrolava no palco das corporações. Cursos de administração em MBAs ignoram os temas empreendedorismo e microempresa, talvez seguindo o ingênuo e falso pressuposto de que, se alguém domina a complexidade das grandes corporações, enfrentará sem atropelos a simplicidade das microempresas. Ledo engano. Microempresas têm natureza, espírito, características e necessidades totalmente diferentes daquelas necessárias à administração das grandes.

A nossa cultura valoriza pouco a microempresa, considerando-a uma atividade que se equilibra precariamente entre a mera sobrevivência e o fracasso. As pequeninas pouco despertam o interesse da academia, dos consultores e dos especialistas. A lógica é simples: a microempresa não tem recursos para aplicar em consultoria e não oferece salários e benefícios à altura dos graduados em administração e MBAs.

O século XXI é das *startups*, empresas que produzem alto impacto econômico. Elas são o xodó dos países que buscam crescimento rápido e querem participar das trocas internacionais, oferecendo algo mais do que commodities. Mesmo as *startups*, criadas por gente sofisticada da área STEM (sigla em inglês que se refere às disciplinas acadêmicas de ciência, tecnologia, engenharias e matemática), muitas vezes padecem de anemia gerencial, tropeçando em trivialidades que não raro podem levar à falência.

Esse impenetrável circuito formado pela cumplicidade entre corporações e competência gerencial deixa desamparados os pequenos empreendimentos, criados por dois segmentos essenciais que se localizam nos extremos sociais: o empreendedorismo de alta tecnologia e o empreendedorismo da base da pirâmide, povoado por milhões de nano e microempreendedores, abandonados à própria sorte. Tanto para uns quanto para outros, o know-how disponível não é adequado.

Dou dois exemplos. O primeiro diz respeito a empresas de alta tecnologia. Nessa área, coordenei concursos nacionais de planos de negócios dirigidos ao público acadêmico, estudantes e pesquisadores, que oferecem bons prêmios em dinheiro e representam um bom capital semente. Apesar de serem preparados em cursos de gestão, quase todos os projetos apresentados eram puramente acadêmicos. Faltava aos participantes o que é indispensável aos empreendedores: a capacidade de transformar descobertas acadêmicas em negócios de sucesso.

O segundo exemplo refere-se à experiência com empreendedores da base da pirâmide. O contato com esse segmento de empreendedores revelou que a realidade é mais drástica do que se pode imaginar. Esses empreendedores, geralmente possuidores de grande energia, perseverança e criatividade, operam sem as mínimas condições gerenciais. Estou falando de milhões de pessoas.

A ausência de uma linguagem sobre temas de gestão acessível às empresas emergentes é um dos indicadores para medir a distância que temos dos países em que elas são consideradas como a fonte de dinamismo econômico e germes de grandes corporações. Aqui, os que têm condições de consultar textos e livros da área são obrigados a engolir um remédio feito para ser metabolizado pelas entranhas calejadas das médias e grandes empresas.

Em meio ao deserto de conhecimento e experiências registradas, com uma linguagem adequada, o manual escrito por Marco Gorini e Haroldo Torres é uma joia para um dos segmentos a que me referi, os criadores de *startups*. Além de executivo e empreendedor de grande sucesso, Marco Gorini é também um especialista em finanças. No entanto, foi da sua vivência como criador de várias empresas e, principalmente, da sua intensa relação com empreendedores da base da pirâmide que extraiu a capacidade de usar linguagem adequada para quem está começando. Em seu texto, fica claro que a análise financeira não foi criada para humilhar ninguém.

Com talento para lidar com letras e números, Marco Gorini e Haroldo Torres compuseram um manual, um livro pequeno e portátil, mas com a força de um compêndio. O saudoso mestre norte-americano Jeffrey Timmons ensinou que o empreendedor identifica, agarra e aproveita oportunidades. Nesse processo, o mais importante não é ter a ideia, mas saber buscar e gerenciar os recursos que a viabilizam. No que diz respeito a financiamentos, um tema que afasta mais do que atrai, este manual mostra o caminho para colocar na mesa o pão de cada dia, indispensável aos empreendedores que levarão o Brasil à era das empresas de alta tecnologia.

Boa leitura!

Apresentação

por Marco Gorini

O objetivo deste texto é ajudar o empreendedor a entender o ecossistema financeiro de *captação de recursos*, seu funcionamento, suas partes, suas características e suas relações. Assim, ele poderá interagir nesse ecossistema de modo a ampliar suas oportunidades de levantar recursos e evitar riscos desnecessários. Tudo isso levando em conta o estágio do seu negócio, seus objetivos e seu perfil como empreendedor. A tese central aqui é que o empreendedor, ao se apoderar desse conhecimento, fortaleça-se como protagonista e, dessa forma, faça melhores escolhas na direção dos seus objetivos.

Este conteúdo é especialmente direcionado para empreendedores de *startups* e pequenas empresas. Entretanto, também pode ser interessante para empreendedores de médias e grandes empresas, principalmente se a gestão for familiar e eles não forem acostumados com a área financeira. Em qualquer circunstância, precisam saber o que seu diretor ou gerente financeiro está fazendo, que oportunidades e riscos isso traz, e como essas ações se conectam com os objetivos da empresa.

Em um ambiente de mercado no qual há muita assimetria de informação e desafios de entrada para o empreendedor, como é o caso do setor financeiro no nosso país, este trabalho tenta trazer uma luz e uma visão ampla do segmento. O texto foi construído com o olhar do empreendedor, a partir de sua perspectiva. Em outras palavras, tem como propósito servir de cartilha, trilha, inspiração, reflexão e manual para que ele possa, ao compreender melhor o segmento financeiro e seus diversos matizes, planejar melhor a evolução do seu negócio quando se trata de captação de recursos.

O histórico do nosso país, de décadas de elevadas taxas de juros e de concentração setorial, deu aos agentes financeiros um poder de negociação desigual. Somados a uma estrutura de oferta extremamente seletiva — traduzida em muitos "nãos" a demandas de crédito. Esses aspectos levaram a uma relação desconfortável, tensa e arredia do empreendedor com esse mercado. Para a grande maioria dos empreendedores com quem converso, o sistema financeiro é classificado como um "parceiro necessário, mas não desejável". Sempre há um "pé atrás" quando se trata de sentar em uma mesa para negociar com agentes do setor, sejam eles bancos, fundos de investimento ou afins.

Isso é nítido, por exemplo, quando pergunto a um empreendedor se preferiria acessar o mercado, ou crescer com recursos próprios e por quê. Percebo pelas respostas que existem resistências desde o topo da pirâmide empresarial, mas, quanto mais descemos nesta pirâmide, maior é a resistência cultural e mais intensa é a presença de temor quanto a essa parceria.

A literatura sobre microcrédito fala muito sobre essa barreira cultural referente ao relacionamento com o setor financeiro. Porém, ao longo da minha vida profissional, lidando com empreendedores e empresas de todos os portes, presenciei essa barreira em muitas delas.

Mas, será que esse é um desafio unicamente dos agentes financeiros que desejam ampliar e fortalecer relacionamentos com o mercado consumidor? Penso que não. Como em qualquer relacionamento, sempre há uma parcela de responsabilidade dos dois lados para a qualidade desse relacionamento. Vejo que o empreendedor nutre esse temor em parte, porque ainda nos dias atuais, há muito desconhecimento e ignorância sobre o setor financeiro. E tememos o desconhecido.

Não creio que esse desconhecimento seja um desejo desse empreendedor. Sinto que ele é mais o resultado de informações de difícil tradução e entendimento, de informações desagregadas, de uma dificuldade de comunicação entre esses dois mundos. Esforços dos dois lados precisam ser feitos para buscarmos um novo patamar de maturidade nessa relação, de forma a obtermos e extrairmos todo o potencial que a mesma traz presente em seu cerne.

Por isso, sou fã de toda iniciativa que busque recolocar o capital financeiro em seu devido lugar na cabeça do empreendedor. E que lugar seria esse? O de um potencial parceiro estratégico de desenvolvimento e prosperidade. Lugar este onde é, sim, necessário, mas também desejável e saudável o estabelecimento de alianças vantajosas para ambas as partes.

Ainda falta um bom caminho para chegarmos a esse nível de reconhecimento mútuo, mas juntos podemos cocriar essas novas bases de relacionamento e romper essas barreiras culturais, reposicionando os agentes do capital financeiro em nossas mentes e atitudes. Essa é uma questão essencial para evoluirmos para outro patamar de economia e sociedade. Universalizar e democratizar o acesso ao capital financeiro para fomentar o empreendedorismo é um vetor estratégico para o desenvolvimento sustentável e a prosperidade do nosso país. E essa transformação começa, como não poderia deixar de ser, dentro de nós mesmos, revendo nossos paradigmas e limitações.

A linguagem e a terminologia hermética e extremamente tecnicista muitas vezes é a primeira barreira a ser derrubada. Decodificar e falar com clareza, tentando usar a língua do empreendedor e não a do financista, é o primeiro passo para desmistificar essa barreira cultural. Quando entendemos algo, somos empoderados. Dessa forma, outra atitude nasce. A autoestima se eleva e nos sentimos mais serenos para tomar decisões.

Tentamos evitar esse tecnicismo ao longo do texto, mas, quando é inevitável, buscamos traduzir esses conteúdos usando termos mais amigáveis. Perdoem-me os mais puristas e tecnicistas, mas a ótica aqui é a do empreendedor e é a ele que este texto se destina. Perdoe-me você, empreendedor, se em algum momento não tivemos êxito nessa tentativa. Este material não tem a pretensão de abordar de forma profunda e detalhada todos os tópicos tratados. Ele pretende dar um grande mapa desse ecossistema, apontando direções que, ao despertarem o interesse do empreendedor, o permitirão dedicar-se a aprofundar sua visão.

Vale notar que, comparado aos países desenvolvidos, o Brasil é ainda um mercado em formação, especialmente quando tratamos do tema de investimento (*equity*). O primeiro fundo especializado nessa área nasceu em 1994, por iniciativa da GP Investimentos. Isso significa que conceitos, regras de boas práticas e definições ainda estão em desenvolvimento entre nós. Por isso, a visão aqui apresentada tenta se basear no que já existe de literatura e fontes de informações sobre o setor, mas também incorpora experiências e entendimentos pessoais dos autores.

Fico feliz de poder contribuir de alguma forma para a formação de um ecossistema mais amigável, saudável e consciente. E parabenizo você, leitor, porque, ao ler esse material, agirá de alguma forma. Mais do que feliz, sentirei-me realizado se, ao final desta leitura, você, empreendedor, sentir-se mais tranquilo, apto e consciente para estabelecer um relacionamento saudável e maduro com o mundo financeiro.

Boa leitura e sucesso na realização do seu sonho!

Introdução

Para muitos empreendedores, o momento de conseguir capital para fazer o negócio avançar é a hora da verdade, hora ainda mais decisiva para os iniciantes. Isso ocorre porque tomar empréstimos de forma segura (ou buscar investidores) requer tempo e exige preparo e planejamento.

Várias vezes, ouvimos de empreendedores boas razões pelas quais precisavam de recursos: "o investimento na reforma da minha loja ficou mais caro do que o previsto e preciso terminá-la para voltar a operar"; "a clientela nos primeiros meses foi muito pequena, pois o marketing realizado foi insuficiente"; "o estoque que adquiri foi maior do que o necessário e agora tenho faturas para pagar sem ter conseguido vender o necessário"; "tenho um bom negócio, mas o investimento para continuar a ter uma operação competitiva é maior do que o capital disponível".

Trata-se de algo inevitável, pois raramente nossos planos funcionam como o esperado, ainda mais no Brasil, onde muito pode acontecer ao longo do caminho. Infelizmente, a maioria dos empreendedores só recorre a um agente financeiro quando esgotou todas as outras possibilidades. Nesse momento, ele está estressado, com o fluxo de caixa comprometido e — não raro — já devendo para parentes e amigos. Nessas circunstâncias, ouvirá um não, ou terá que aceitar um empréstimo a taxas de juros muito salgadas. Parece crueldade, mas não é. Você arriscaria seu capital em uma empresa nessas circunstâncias?

Planejar-se para a captação de recursos — antecipando os riscos que vão surgir mais à frente — é essencial para a saúde de qualquer negócio. É mais fácil conseguir uma boa linha de crédito quando o empreendedor tem um saldo positivo no banco, por exemplo. Porém, em geral, esse empreendedor, focado naquilo que sabe e gosta de fazer, costuma deixar em segundo plano os cuidados com esse "detalhe".

Este livro busca apresentar de forma didática os passos necessários para o empreendedor ter sucesso na caminhada da captação de recursos. O primeiro é o mais óbvio: se ele quiser crescer, precisa saber bem o que quer e ter muita certeza sobre como vai utilizar os recursos de terceiros.

O segundo passo é tentar compreender as diferentes fontes de recursos existentes. Hoje em dia, além do banco, existem alternativas, como os fundos de investimento acessíveis para empresas em segmentos mais dinâmicos — como o de tecnologia — ou para organizações de médio porte, mais estruturadas. Até mesmo soluções, antes exóticas, começam a aparecer no horizonte, como as plataformas de financiamento coletivo (*crowdfunding*) e as doações. Estas podem ocorrer para projetos específicos, que tenham impacto social ou ambiental positivo, por exemplo.

Depois de compreender as alternativas existentes, o terceiro passo é descobrir qual delas é a mais adequada para o momento e o perfil do negócio. Se o empreendedor tem uma empresa iniciante, dificilmente receberá investimentos de um fundo que negocia grandes valores. No entanto, poderá convencer centenas de microinvestidores a acreditarem no seu negócio e investirem em você, através de um site de *crowdfunding*.

Nos dois casos, saber contar uma boa história é tudo. No mínimo, qualquer emprestador ou investidor vai querer saber em detalhes porque o negócio precisa do dinheiro, como ele vai ser empregado e como ele vai ser devolvido depois (no caso de dívida). Para tanto, o empreendedor precisará convencê-lo que seu negócio é dinâmico, saudável e tem grandes chances de sucesso. Assim, o quarto passo é preparar-se para contar uma história convincente e, claro, bem fundamentada em fatos que possam ser comprovados.

Chegamos ao quinto passo. Para contar essa história, o empreendedor precisará organizar toda a documentação e as informações que qualquer emprestador ou investidor exigirá. Não dá para contar essa história sem números. É preciso ter balanços e demais documentos contábeis, assim como projeções (o plano de negócio) organizadas. O nome do empreendedor não pode estar sujo na praça e ele precisará levantar todas as certidões negativas que existem. No setor financeiro, credibilidade e argumentos fundamentados em dados consistentes fazem toda a diferença.

O sexto passo é preparar-se para uma negociação longa e complexa. Mesmo quando os passos anteriores forem percorridos, a negociação exigirá muito. E, se o empreendedor estiver buscando um investidor, várias decisões difíceis terão que ser tomadas. Qual o valor a ser atribuído ao negócio e a cada cota? Quais serão as regras da sociedade e as responsabilidades de parte a parte? Nessa etapa, é necessário ter sangue frio e ser honesto. Não dá para enrolar.

Finalmente, o dinheiro chegou e é preciso saber cuidar muito bem dele. A sétima regra é preparar-se bem para gerir os recursos que o negócio tomou. Seja porque precisará pagá-lo com juros, ou porque o novo investidor exigirá um negócio em franca expansão, é primordial o empreendedor se esforçar para que o dinheiro novo realmente seja empregado para o negócio deslanchar.

Parece difícil? Milhares de bons projetos morrem na praia por falta de preparo na captação de recursos. Este livro foi especialmente elaborado com o objetivo de facilitar a vida do empreendedor nessa árdua travessia.

CAPÍTULO 1

O Empreendedor, Seu Sonho e Seu Negócio

Obter capital é crucial para o desenvolvimento da grande empresa que qualquer empreendedor sonha criar. O capital financeiro deve ser visto como uma ponte entre o hoje e o amanhã, pois ele viabiliza uma organização continuar a existir quando ainda não chegou ao equilíbrio, ou a se expandir quando tiver chegado o momento certo.

Mesmo que queiramos evitar o mercado financeiro, ele inevitavelmente fará parte da vida de qualquer empreendimento que pretenda ganhar fôlego e se expandir. Vale notar que gerir adequadamente os recursos do negócio já significa, em alguma medida, conviver com o universo financeiro. A gestão do dinheiro fará parte da vida de qualquer negócio hoje, amanhã e sempre. E não importa de onde venham esses recursos: do próprio empreendedor ou obtidos junto a terceiros.

Assim, para qualquer empreendedor, é crucial aprender a lidar com o capital. A cada momento, ele precisará discernir e escolher o tipo de recurso necessário a ser buscado. Terá também que construir conexões sólidas e estáveis com as fontes desses recursos. Esses são aspectos essenciais para que a rede onde o negócio se insere seja saudável, consistente e resistente (Box 1.1).

> **BOX 1.1: A ATITUDE DO EMPREENDEDOR EM RELAÇÃO AO MERCADO FINANCEIRO**
>
> Dada a trajetória de crises econômicas no Brasil, geradoras de muitas inconstâncias e incertezas, a taxa de juros praticada no país tem sido historicamente muito elevada. E, dado o posicionamento creditício dos bancos — extremamente restritivo quando se trata de empreendedores iniciais ou em fase de desenvolvimento —, muitos empreendedores detestam o mercado financeiro e querem ter o mínimo de relacionamento possível com ele. Assim, quando precisam acessar esse mercado, não têm um histórico de crédito consolidado e chegam cheios de preconceito e com medo. Quando isso ocorre, vale a pena o empreendedor se perguntar:
>
> - *O que ele sabe sobre as oportunidades de acessar recursos no mercado financeiro?*
> - *Que atitude ele deve ter para se valer dessas oportunidades?*
> - *O que ele já pode fazer agora para acessar os recursos que seu negócio precisa?*

Nesta seção, aprofundaremos a discussão sobre o perfil do empreendedor e de seu negócio. Vale destacar que a maior parte dos textos sobre a temática de captação de recursos aborda apenas temas relacionados a empresas que estão buscando recursos e os ambientes em que essas propostas se inserem. Acontece que toda empresa — especialmente a empresa iniciante — é a expressão do empreendedor. Portanto, faz todo o sentido começar falando sobre ele.

1.1. QUEM É VOCÊ, EMPREENDEDOR?

Todo empreendedor prefere estar à frente do seu negócio, fazendo as coisas acontecerem e colocando a mão na massa. No entanto, ele precisará entender melhor a história do seu negócio para dialogar de forma positiva e construtiva com o mundo financeiro. Precisará entender quem ele é e o que a empresa significa para ele. Precisará descobrir também com quem deseja (ou precisa) se relacionar. É a partir dessa história e desse conhecimento que o empreendedor poderá planejar acessar o mercado financeiro para viabilizar o futuro da sua organização.

Qualquer empresa pode ser pensada como um organismo vivo, definido pela sua estrutura, pelos seus processos internos e pelas suas relações e interações com o ambiente externo: o seu metabolismo. A "alma" da empresa (também chamada de cultura empresarial) costuma ser forjada pelo próprio empreendedor. Isso é ainda mais verdadeiro no início do negócio, quando o empreendedor está sozinho (ou quase). No entanto, esse fenômeno também ocorre em estágios mais evoluídos, quando ele funciona como uma espécie de ícone da cultura e dos valores praticados pelo time.

Como qualquer indivíduo, voltado para os aspectos práticos do mundo, o empreendedor dedica, em geral, pouco tempo e atenção para olhar para dentro e aprender mais sobre si mesmo. A distração dos fatores externos dificulta ou até mesmo o impede de focar esse olhar interno. Isso pode afastá-lo de perguntas essenciais para a vida e também para o projeto de empreendimento a ser desenvolvido:

- *O que quer, realmente?*
- *Qual o sentido e significado do que faz?*
- *O que de fato importa?*
- *Quais são os seus princípios?*
- *Quais são os verdadeiros pontos fortes e fracos?*
- *Com quem quer e com quem deve se relacionar ou não?*
- *O que deve ou não fazer neste exato instante, na direção do que deseja?*

Essas são perguntas importantes que pouca gente se faz. A maioria vai "caminhando, deixando que a vida os leve". Na empresa, ocorre o mesmo. Tomados pela lógica operacional e pelas demandas do dia a dia, o espaço dessas perguntas estratégicas muitas vezes é ocupado pelo problema do momento. E, de pouco em pouco, a empresa vai se desconectando do significado que originalmente animou o empreendedor na criação do seu projeto.

Portanto, aprender e treinar a ampliação e o aprofundamento do olhar é crucial. E manter as perguntas mais importantes vivas dentro de si, mesmo que não existam respostas definitivas, é uma forma permanente de treino.

A. O QUE FAZER?

Na vida e nos negócios, o empreendedor faz escolhas o tempo todo. E ele faz isso em conjunto com outras pessoas, ou seja, cocria. Algumas escolhas são implícitas, mas informam tudo o que foi ou será feito, de um modo ou de outro. Algumas dessas escolhas básicas também serão perguntas, sempre colocadas quando o empreendedor estiver interagindo com um investidor ou outro agente financeiro:

- *Qual é a história desse negócio?*
- *Aonde o empreendedor quer chegar com ele?*
- *O que e como ele faz para atingir essa meta?*

Mas, no cotidiano das empresas, existem também dezenas de microdecisões sobre vários assuntos diferentes, desde a contratação de novos funcionários, até o pano de fundo do site ou, ainda, a gravação da mensagem de voz a ser colocada no telefone da empresa. Qual dessas escolhas o empreendedor realmente precisa fazer pessoalmente?

Quando o empreendedor tentar acessar o mercado financeiro, seja buscando um investidor ou tomando crédito, tomará uma decisão que afetará de forma profunda o futuro da organização que dirige. Compreender isso é essencial.

As escolhas na área financeira são estratégicas. Portanto, elas devem ser feitas pelo próprio empreendedor, o único capaz de avaliar todas as consequências desse tipo de decisão. Por isso, é importante que ele esteja bem preparado quando chegar a hora de se reunir com consultores, banqueiros ou investidores (Box 1.2).

> ## BOX 1.2: FAZENDO ESCOLHAS
>
> Desenvolver a capacidade de fazer escolhas e tomar decisões sobre questões financeiras estratégicas é uma atividade que o empreendedor não pode delegar. Isso é um dos motores do futuro da empresa. Para encontrar o tempo necessário para isso, ele deve se perguntar o seguinte:
>
> - *O que é sua responsabilidade?*
> - *O que é estratégico?*
> - *O que é delegável?*
> - *Em que assuntos ele não precisa ser especialista, mas não pode ser ignorante?*
>
> Em outras palavras, líderes precisam ter muito discernimento sobre seu papel na tomada de decisões. Gestores gostam de listar o que fazer, mas raramente listam o que podem delegar.
>
> Vale a pena o empreendedor abrir uma janela de meia hora por dia (ou duas horas por semana) para informar-se, estudar, ler e aprender sobre os temas financeiros estratégicos.

Nesse sentido, um primeiro aspecto crucial é compreender qual o contexto em que essa decisão se insere. Por exemplo, a empresa pode estar capitalizada ou necessitando urgentemente de recursos. A economia pode estar em crescimento e a oferta de crédito abundante, ou o empreendedor pode estar disputando recursos muito escassos. Distinguir essas dimensões dará ao tomador da decisão maior clareza sobre o que fazer e sobre o melhor momento de agir.

Um segundo aspecto essencial diz respeito à capacidade de distinguir as diferentes opções presentes. Esse é um tema a ser desenvolvido ao longo de todo o livro, mas vale adiantar que existem opções distintas para cada fase do empreendimento. Saber identificá-las e compreender os prós e contras de cada uma delas pode fazer grande diferença em longo prazo.

Finalmente, é necessário ter muita clareza sobre quais são as perguntas corretas a fazer, aquelas que apontarão as possíveis consequências positivas ou negativas da decisão a ser tomada. Refletir sobre essas questões permitirá ao empreendedor colocar em ação seu bom senso, seu *feeling* e seu conhecimento do negócio para avaliar oportunidades e riscos envolvidos e, com isso, tomar uma decisão segura. Isso exige um esforço contínuo e focado. Exige atenção diária.

Se você for um empreendedor, não tenha ilusões. O gestor financeiro examinará os números do seu negócio e observará tudo o que você faz e diz. Consultando seus bancos de dados e a internet, ele saberá quem você é, o que faz e onde está. Mais do que isso, esse gestor é um especialista em fazer essa avaliação e em fazer ótimas perguntas.

Muitos não têm a paciência necessária para esse engajamento, pois temas financeiros são áridos. Felizmente, não é preciso ser um especialista neles. No entanto, o empreendedor precisará interpretar o que os números dizem sobre o negócio e que tendências ele está tomando, até porque esses são os primeiros elementos que os especialistas vão buscar aferir.

Muitas vezes, em uma mesa de negociação, esse empreendedor se deixará trair pelo lado emocional. Afinal, somos humanos e, em seus projetos, o empreendedor emprega toda a sua energia e os seus recursos. Assim, muitos deles acabam se incomodando com as perguntas e intromissões "impertinentes" vindas do outro lado do balcão (Box 1.3).

> **BOX 1.3: TENTE COLOCAR-SE NO LUGAR DE UM GESTOR FINANCEIRO**
>
> Faça um teste e coloque-se no lugar do gestor de um banco. Pergunte-se o seguinte: você emprestaria dez mil reais hoje para alguém que você não conhece e que se propõe a pagar daqui a 12 meses?
>
> Algumas questões que vêm à mente quando ouvimos esse tipo de indagação são as seguintes:
>
> - *Mas, nem sei quem você é...*
> - *Para que quer esse dinheiro?*
> - *Mas, o que você faz?*
> - *Que garantia terei de que vai me pagar?*
> - *Qual o risco de não receber de volta?*

Autoconhecimento e sangue frio são essenciais nessa hora. Afinal, é natural que os profissionais de mercado façam perguntas difíceis e que sejam competentes ao fazê-las. Aqui, vale a pena mergulhar um pouco no significado do termo crédito, que vem do latim *credere*. Crer. Acreditar. Confiar. Dar antecipadamente para receber no futuro.

Esse profissional quer ter certeza de que o tomador de recursos é digno de crédito. Como saber disso de verdade? Em suma, o empreendedor precisa estar preparado, aberto e disponível para esse relacionamento nem sempre simples com os agentes do mercado financeiro. Verdadeiramente. Essa atitude é chave.

B. QUAL É O OBJETIVO?

O objetivo do empreendedor — e a clareza com que é formulado — será um dos principais critérios levados em consideração no processo de relacionamento com o mercado financeiro. Por exemplo, o agente financeiro vai sempre perguntar para que vão servir os recursos que o futuro cliente pretende tomar. Muitos não pensam nisso com a profundidade necessária e dão uma resposta de ocasião quando essa pergunta aparece. Esse é um erro grave (Box 1.4).

BOX 1.4: REVENDO OS OBJETIVOS

O empreendedor deve revisitar seus objetivos com frequência. Eles são consistentes com as condições em que se encontra agora? E, se eles se realizarem, qual o impacto disso para o negócio e para o empreendedor? Ele deve testar a aderência desses objetivos com sua visão de mundo e do negócio. Além disso, deve identificar quais são os objetivos de curto e longo prazo.

Para ser efetivo em uma mesa de negociação, todo empreendedor deve primeiro se perguntar onde deseja chegar e como. Essas perguntas parecem simples, mas não são tanto assim. Normalmente sabemos onde queremos chegar com nossos negócios (pelo menos em longo prazo), mas raramente sabemos de verdade como chegar até lá. A velocidade também pode ser um problema. Quero chegar mais rápido? Estou disposto a pagar o preço da aceleração? Ou prefiro ir mais lentamente?

E tudo na vida empresarial envolve riscos, sobretudo quando pensamos em produtos financeiros. Portanto, o empreendedor deve sempre se perguntar:

- *Que riscos eu quero correr?*
- *Que riscos eu posso correr?*
- *Que riscos eu aguento correr?*

Em outras palavras, tão importante quanto saber o destino desejado, o empreendedor precisa escolher bem o percurso, o meio de transporte, a velocidade e o grau de segurança em que vai andar. Uma das formas de fazer isso é simular o impacto financeiro das suas diferentes escolhas, traduzindo isso na forma de orçamentos alternativos (Box 1.5).

> **BOX 1.5: OBJETIVOS DO NEGÓCIO NA FORMA DE ORÇAMENTOS ALTERNATIVOS**
>
> O empreendedor deve usar os verbos abaixo, aplicando-os aos seus objetivos e modelo de negócio, e tentar desenvolver orçamentos alternativos com base neles. Deve observar quando é possível:
>
> - *Eliminar (itens de despesa);*
> - *Reduzir (custos);*
> - *Ampliar ou elevar (valor e receita);*
> - *Criar (novas fontes de valor e receita).*

C. QUAL É A NECESSIDADE?

No momento de estruturar um plano de negócios ou um orçamento, o empreendedor precisará ter muito claro que recursos dispõe e de quanto vai precisar contratar junto a terceiros. Saber identificar a necessidade real e usar essa informação a favor do empreendimento faz uma grande diferença. Mas, nem sempre é simples traduzir necessidades em números.[1]

Existem coisas que precisam ser feitas no curtíssimo prazo. Outras podem ser feitas mais à frente. No entanto, a qualidade das perguntas e respostas é essencial nesse caso, com um impacto expressivo e óbvio para os negócios:

---

[1] No Anexo 1, é apresentada uma sugestão de roteiro para a elaboração de um plano de negócios.

- *Qual é a principal necessidade do negócio hoje?*
- *Quais são os principais recursos que o negócio possui?*
- *Como fazer para — com os recursos disponíveis — suprir a necessidade identificada?*
- *Se não for suficiente, quanto recurso adicional será necessário contratar para suprir essa necessidade?*
- *Que outras necessidades relevantes terão que ser supridas no curto e médio prazo?*
- *Onde buscar os recursos para tanto?*

Há vezes em que o empreendedor escolhe caminhos complexos demais ou soluções exageradas. É preciso ser simples e objetivo. Sempre. Deve-se buscar o ideal, mas não perder a oportunidade de seguir o caminho mais curto e eficiente. Para tanto, é essencial reduzir ou eliminar o desperdício, ter muita clareza e fazer perguntas objetivas em relação às necessidades operacionais e financeiras de cada momento. É importante manter o foco no que importa.

D. QUAL É O HORIZONTE TEMPORAL?

O tempo é essencial nas decisões financeiras. No caso de um crédito, por exemplo, ele terá um impacto substancial no valor das prestações a serem pagas e na taxa de juros prevista no contrato em questão.[2]

Cada projeto tem uma curva de maturidade. Ao refletir sobre esse ponto, é comum o empreendedor ser otimista, acelerando demais a expectativa de maturidade do negócio. No entanto, também é importante não ser lento demais, ampliando essa curva além do necessário.

---

[2] Voltaremos a esse ponto em detalhes nos próximos capítulos.

Em quanto tempo o empreendedor deseja alcançar o seu objetivo ou meta? A definição do tempo pretendido e a distância entre a situação atual e a desejada é que vai definir em que velocidade seguir (Box 1.6).

BOX 1.6: TIMING

O empreendedor iniciante deve trocar ideias, ouvindo pessoas experientes e especialistas em áreas ligadas ao seu negócio, para compreender melhor o tempo necessário para a realização dos objetivos pretendidos.

Ele deve perguntar e compartilhar informações com empresários como ele para validar sua expectativa de tempo.

Como veremos em detalhes mais à frente, diferentes agentes do ecossistema financeiro se propõem a apoiar organizações distintas, realizando projetos em diferentes velocidades. A identificação da etapa em que o negócio se encontra e a escolha da velocidade a ser percorrida em cada etapa vai ajudar a selecionar as alternativas e possibilidades mais adequadas existentes no mercado financeiro.

Existem frutos que podem ser colhidos em curto prazo, mas será que esses frutos são os mais relevantes, ou mais saborosos? Portanto, o empreendedor deve identificar com clareza os projetos que pode desenvolver em curto, médio e longo prazo. Quais são mais fáceis de realizar? E quais são os que aproximam mais rapidamente o negócio do objetivo pretendido?

E. QUEM O EMPREENDEDOR CONHECE?

A rede de relacionamentos, ou *network*, é um ativo valioso para todos os setores e situações da vida. Em uma sociedade cada vez mais conectada em rede, a qualidade do nosso *network* — e o que fazemos para melhorá-lo — é essencial.

Um bom *network* pode trazer oportunidades, ajudar a reduzir riscos e, principalmente, oferecer um solo fértil para fazermos boas perguntas e exercermos processos de aprendizagem colaborativa. No mundo financeiro, vale a mesma regra. Como crédito é confiança, construir um bom *network* é adubar o terreno das possibilidades e aumentar a probabilidade de bons negócios no futuro.

Para o empreendedor, relacionar-se e nutrir as relações com credores e/ou investidores atuais, ou potenciais, é investir estrategicamente no futuro do seu empreendimento. Mais do que isso, permite também que as perguntas do empreendedor tenham eco e retornem na forma de respostas instigantes, novas perguntas, esclarecimentos, sugestões e acolhimento (Box 1.7).

BOX 1.7: NETWORK

- *Quanto tempo o empreendedor dedica atualmente a alguém do mundo financeiro? Pode ser o gerente de banco, o amigo que é diretor de um fundo, ou o cunhado que é especialista em finanças.*
- *Esse tempo e a atenção envolvida são satisfatórios para as suas necessidades?*
- *Se não, o que ele pode fazer para melhorar? O que depende dele mesmo?*
- *Quando ele vai programar essas ações no dia a dia?*

Se necessário, o empreendedor deve definir uma estratégia de abordagem: listar "alvos", fazer uma relação prévia de assuntos e ir conversar.

Faz sentido também frequentar eventos. Convidar pessoas relevantes para um café. Perguntar. Trocar.

O mundo conectado tecnologicamente é excepcional e traz ganhos extraordinários no dia a dia. No entanto, apenas trocar e-mails, curtir no *Facebook* ou fazer um comentário no *LinkedIn* não construirá a rede de confiança que um empreendedor precisa.

Qual é a essência da construção e manutenção de um bom *network*? Em duas palavras: atenção consistente. Atenção às necessidades e dificuldades recíprocas. Sem entender o ponto de vista daquele com quem nos relacionamos, é impossível chegarmos a qualquer acordo adequado às duas partes.

O empreendedor, apoiado pelo interesse em realizar o seu projeto e pela compreensão de que o capital financeiro é estratégico para atingi-lo, precisa compreender que as pessoas que fazem esse setor girar são e serão estratégicas para a ampliação qualificada do seu negócio. É essencial investir nelas.

F. O EMPREENDEDOR E O SEU PROJETO: APAIXONADO SIM; APEGADO NÃO.

Quando procuramos recursos financeiros, podemos receber respostas que não gostamos. Diante de um investidor potencial, por exemplo, o empreendedor poderá receber *feedbacks* (ou retornos) nem sempre positivos. Essa é uma hora crítica. É preciso ter tranquilidade para, após muita análise, considerar seriamente qualquer avaliação e crítica, mesmo que seja para descartá-la. O mais importante é saber usar os *feedbacks* como vetores de aprendizado (Box 1.8).

> **BOX 1.8: FEEDBACKS NEGATIVOS**
>
> O empreendedor precisará ter força e resiliência para absorver mudanças, críticas, sugestões, questionamentos e ideias novas, sempre pensando em aprimorar e desenvolver o seu modelo de negócio. O que importa é não perder o foco no seu objetivo final.
>
> Ele deve listar as cinco críticas principais que espera receber, ou que seu modelo já recebeu. Deve descobrir também qual a melhor forma de responder a elas, pois ouvirá essas críticas muitas vezes.

Isso não é simples. Afinal, todo empreendedor é apaixonado pelo seu projeto. Ser apaixonado é essencial, mas ser apegado pode ser um grave erro. E isso é verdade para qualquer relacionamento.

Ser apaixonado pelo projeto significa que o empreendedor nutre diariamente o seu interesse pelo que faz, buscando sempre o melhor tanto para o empreendedor quanto para o projeto. Ser apegado significa que o empreendedor nutre um objetivo de alta intensidade, quase uma fixação. Isso pode torná-lo rígido, surdo e arredio quando é questionado, contrariado ou ameaçado na sua verdade particular. Esse tipo de atitude pode criar uma relação de dependência com as premissas do projeto. E, se isso ocorrer, será prisioneiro da forma de fazer, perdendo a perspectiva do objetivo final.

Demonstrar maturidade e resiliência (ou capacidade de sobreviver) é essencial, e permite que o empreendedor coloque qualquer negócio de pé ou faça com que o mesmo evolua sadiamente. Mas é preciso aprender a escutar as eventuais críticas. O empreendedor poderá se nutrir e se fortalecer com elas.

G. REALIDADE ATUAL VERSUS FUTURO DESEJADO

As condições de mercado mudam a todo momento. Os preços mudam e os competidores estão sempre muito acordados, fazendo coisas inesperadas. Os clientes são cada vez mais difíceis de encontrar e agradar. O empreendedor e sua família também mudam. As necessidades de ontem podem não ser as de agora. E transformações ainda difíceis podem ocorrer no momento de se acessar o mercado financeiro, quando, por exemplo, aparece a oportunidade de tornar-se sócio de um fundo de investimentos.

De fato, vale lembrar que aceitar um novo sócio, ou contrair um empréstimo vultoso pode levar a organização a rumos muito diferentes dos que o empreendedor imaginou originalmente. É preciso ter muito claro até que ponto esse tipo de passo vai realmente contribuir para levar o empreendimento ao objetivo final almejado por quem o fundou, ou quem o lidera atualmente.

Mas, é nesse ambiente em permanente mutação que brota a tensão criativa que permitirá ao empreendedor mudar o que for necessário. Para isso, a cada novo contexto, ele precisa identificar qual é a nova situação desejada a partir de agora e agir (Box 1.9).

BOX 1.9: MUDANÇAS NO CONTEXTO DO NEGÓCIO

O empreendedor deve refletir, de quando em quando, sobre o que mudou no seu negócio no último ano. Ao fazer isso, ele poderá:

- *Identificar as mudanças no ambiente externo;*
- *Identificar as mudanças dentro da sua empresa;*
- *Entender também o efeito dessas transformações para o próprio empreendedor e para a sua vida.*

Essa é parte da energia que vai mover o empreendedor no dia a dia. Essa tensão, se bem direcionada e focada, pode estimulá-lo a se superar. Se mal direcionada, pode se transformar em angústia e crise. É o balanço entre essas forças que ajudará o empreendedor a decidir o sacrifício ("preço") que quer pagar para avançar.

1.2. O MODELO DE NEGÓCIO E O PLANO DE NEGÓCIO

Além de buscar conhecer o empreendedor, ao considerar investir, qualquer gestor de um fundo de investimento vai querer entender em detalhes o modelo de negócios da empresa candidata ao investimento. Quanto mais claro esse modelo for para o próprio empreendedor, mais fácil será apresentá-lo para possíveis parceiros.[3]

O modelo de negócios não pode ser visto apenas como uma bela apresentação de *PowerPoint*. Ele deve ser uma ferramenta de trabalho real. O empreendedor deve lembrar-se também que esse modelo estará sempre em construção, tendo que ser adaptado ao longo do tempo e das circunstâncias sempre mutáveis. Deve ser um sistema aberto, passível de adaptação, inclusive por sugestão de eventuais parceiros ou investidores.[4]

Estudar os modelos de negócios concorrentes, ou substitutos, é uma excelente prática para cortar caminho, aprender e detectar oportunidades e riscos tanto presentes quanto futuros. Vale a pena o empreendedor se debruçar sobre o que está acontecendo no mundo

---

[3] Uma ferramenta útil para ajudar a pensar e refinar modelos de negócio é o CANVAS. Veja: OSTERWALDER, Alexander; PIGNEUR, Yves. *Business Model Generation*. Rio de Janeiro: Editora Alta Books, 2011.

[4] O plano de negócios nada mais é do que o modelo de negócios em ação, projetado no tempo. Ele conta o desenrolar da história futura. Veja uma sugestão de roteiro no Anexo 1. Falaremos um pouco mais sobre plano de negócios quando entrarmos no tópico sobre como acessar recursos de algumas das alternativas existentes no mercado.

e pesquisar soluções ou tentativas de soluções para o problema que ele está tentando resolver (ou deseja atender) com o seu modelo.

Da mesma maneira, conhecer as falhas e os modelos análogos ao seu que não decolaram pode ser enriquecedor no momento de desenvolver o seu projeto. Conversar com pessoas que vivenciaram o modelo fracassado, como colaboradores, clientes, parceiros, concorrentes ou apenas observadores, pode ser um ótimo exercício de aprendizado.

É preciso também ser capaz de traduzir esse modelo em números. Quando os gestores financeiros se debruçam sobre um dado negócio, eles estão sempre em busca de indicadores que revelem pistas sobre a capacidade de retorno de uma dada organização. Ao falar com eles, o empreendedor deve ter sempre em mente dois indicadores: CAMC e VTV (Quadro 1.1).

Este livro não tem a proposta de aprofundar o tema do modelo de negócios. No entanto, apresentamos a seguir algumas perguntas estruturais e direcionadoras que podem ser interessantes para a reflexão e o refinamento de qualquer modelo. Estas perguntas retornarão de diferentes formas ao longo deste livro:

- *Qual é o problema a resolver?*
- *Para quem?*
- *Qual é a história do negócio?*
- *Que valor o projeto gera para o cliente?*
- *Que indicadores de sucesso utilizar?*
- *Como gerar caixa e quanto custa gerar esse valor?*
- *Qual é o time e quem são os parceiros?*
- *Como é o setor de atuação?*
- *Quem são os concorrentes atuais, ou potenciais?*

QUADRO 1.1: MODELO DE NEGÓCIOS EM UMA PERSPECTIVA FINANCEIRA

CAMC: É o custo em reais, gerado pela aquisição e manutenção de um cliente ao longo do relacionamento.

VTV: Valor no Tempo de Vida (ou LTV, Life Time Value). É a receita em reais gerada por um cliente ao longo do relacionamento.

Sob a ótica estritamente financeira, quanto maior for o VTV em relação ao CAMC, mais saudável é o modelo de negócios. O custo de aquisição de clientes pode ser identificado, por exemplo, ao detalharmos as ações que são executadas no negócio para chegarmos a um novo cliente, incluindo, nesse caso, todas as iniciativas das áreas de vendas e marketing.

Os custos de manutenção dos clientes adquiridos são todos aqueles relacionados às ações necessárias à entrega do produto ou serviço vendido, além das ações de fidelização que a empresa venha a realizar (pós-venda). Nem sempre é simples separar aquisição e manutenção em unidades de custo diferentes, por isso, nos referimos aqui aos custos de aquisição e manutenção de clientes (CAMC).

Vale destacar que as empresas existem para servir seus clientes. Logo, o custo incorrido para garantir a sua existência é, em última análise, o custo de aquisição e manutenção do cliente. Quanto mais objetiva e eficiente for a estrutura dessa organização, menor será o custo global de aquisição e manutenção.

Por sua vez, o Valor no Tempo de Vida (VTV) de um cliente corresponde à receita gerada para a empresa durante o tempo de relacionamento com esse cliente. Existem negócios com receitas recorrentes praticamente automáticas, como, por exemplo, uma assinatura de algum serviço por internet. Outros negócios dependem de maior fidelização para que exista recorrência, como, por exemplo, os serviços de um cabeleireiro.

Imaginemos um cabeleireiro com duas clientes. A primeira corta o cabelo seis vezes ao ano durante cinco anos; a segunda corta todo mês, mas ficou apenas um ano frequentando esse salão. Ambas gastaram R$100,00 por atendimento.

Cliente 1 – R$100,00 x 6 vezes por ano x 5 anos = R$3.000,00

Cliente 2 – R$100,00 x 12 vezes por ano x 1 ano = R$1.200,00

(continua)

> O VTV da cliente 1 é maior do que o da cliente 2. O ideal seria o cabeleireiro ter várias clientes do tipo 2 por cinco anos, e não apenas em um. Isso elevaria e muito o VTV da carteira de clientes.
>
> Em outras palavras, quanto maior a grau de retorno dos clientes existentes (fidelização), menor será o custo de captura de novos clientes (para um dado volume de faturamento). Por outro lado, quanto menor o grau de fidelização, mais a empresa precisará trabalhar para capturar novos clientes.

Um modelo de negócios bem elaborado pode envolver diversas dimensões. Além dos aspectos financeiros, os pontos anteriores resumem os principais atributos conceituais de um modelo de negócios, os quais serão estudados a fundo por um eventual investidor ou credor. Cada um desses pontos será um pouco mais aprofundado a seguir.

A. QUAL É O PROBLEMA A RESOLVER?

Qualquer negócio busca atender a alguma necessidade. Que necessidade é essa? Por que ela é relevante? Quantas pessoas ou organizações têm essa necessidade? Vale notar que essas são perguntas muito básicas, que qualquer investidor fará quando discutir um projeto com uma empresa a ser investida.

No entanto, muitos produtos ou serviços novos fracassam simplesmente porque foram desenvolvidos para atender necessidades ou anseios que ninguém (ou quase ninguém) tinha de verdade. Se você for um empreendedor, responda com muita sinceridade: quem precisa desse produto ou serviço que você criou? Se for algo que já existe — o que é o mais comum —, que diferença a sua proposta vai trazer para a vida do cliente (Box 1.10)?

> **BOX 1.10: O PROBLEMA A RESOLVER**
>
> Afinal, qual problema o empreendedor resolve com seu negócio, ou qual necessidade e/ou anseio ele responde? Para aprofundar esse tema, outras perguntas típicas são as seguintes:
>
> - *A empresa resolve efetivamente um problema relevante, ou ainda está buscando um problema para resolver?*
> - *Qual a gravidade, urgência e tendência existentes, caso o problema identificado não seja resolvido?*
> - *O que acontece se nada for feito? Que impacto isso pode gerar?*
> - *Como o modelo captura oportunidades e mitiga riscos hoje? E como fará amanhã?*

Para pensar sobre esse tema, é preciso entender bem o contexto em que o negócio está inserido, ou pretende se inserir. É muito comum criarmos teorias sobre nossos clientes, imaginando como a cabeça deles funciona. Sabemos, mesmo, alguma coisa concreta sobre eles? Como eles pensam e se sentem em relação ao que oferecemos? Nesse aspecto, não dá para improvisar. O sucesso do negócio requer que o empreendedor consiga entender o que o cliente potencial realmente precisa.

B. PARA QUEM?

Sempre que um empreendedor inicia um novo negócio, ele precisa definir um determinado tipo de cliente em vista. Afinal, quase ninguém pode atender todas as pessoas de uma vez, em todo o globo. Apenas poucas empresas multinacionais têm os recursos e a competência para fazer isso em escala planetária.

Assim, desde o início, a escolha do público-alvo vai ser limitada pelos recursos à disposição do empreendedor. Ele terá que selecionar um grupo específico a quem atender, como, por exemplo, homens de 18 a 29 anos das classes B e C. E, se for um negócio de natureza presencial, terá que escolher uma região de atuação, como a cidade de Belo Horizonte ou a Zona Oeste da Região Metropolitana do Rio de Janeiro (Box 1.11).

BOX 1.11: PÚBLICO-ALVO

Quem é o público-alvo do negócio, ou quem tem esse problema ou anseio a ser resolvido, e onde? Além disso, é preciso também saber:

- *Quantos têm esse problema ou anseio?*
- *Esse público pode ser segmentado? Como?*
- *Qual é a principal região de atuação do projeto?*
- *Qual é o tamanho do mercado, isto é, o número potencial de clientes nessa região?*

Recortes ainda mais drásticos podem ser necessários dependendo da concorrência em questão e da natureza do produto. E, se esse empreendedor for um varejista, a escolha do ponto vai definir a natureza da sua ambição. Polos comerciais de rua ou shoppings com alto fluxo de clientes são os pontos mais disputados por todos os comerciantes. Ter acesso a esses pontos não é nada barato. Afinal, quanto maior o fluxo de passantes — e, portanto, o tamanho e a diversidade do público —, maior o preço do aluguel.

Lembre-se também que nem todos os clientes potenciais são iguais. É melhor servir bem a um grupo limitado do que tentar servir mal a todos. Pode ter certeza que o cliente reparará.

C. QUAL É A HISTÓRIA DO NEGÓCIO?

Todo empreendedor deve ter um discurso poderoso, capaz de despertar o interesse rápido da sua audiência, qualquer que seja ela.[5] E, não raro, ele terá apenas um minuto para chamar a atenção de alguém para o seu negócio.

Porém, depois de conseguir despertar a atenção de alguém — um investidor ou credor potencial, por exemplo —, o empreendedor precisará contar uma boa história, com uma narrativa clara e um bom enredo. Todo modelo tem uma história, da sua concepção até a ação. É a história que dá vida ao sonho de forma consistente.

Aprender a contar histórias é algo valioso. Primeiro, porque constrói uma identidade e uma visão a respeito do empreendimento. Segundo, porque — se bem contada — pode transmitir ao interlocutor engajamento, confiança, empatia, capacidade de expressão e articulação. É preciso ter sempre uma boa história pronta, capaz de ser apresentada quando necessário, até mesmo em uma festa de casamento ou durante um café.

Essas são qualidades que, captadas de forma inconsciente, serão analisadas pela audiência. Portanto, todo empreendedor deve registrar a história do seu negócio e deve ser um perito em contá-la. Histórias devem ter uma estrutura lógica bem organizada, mas também precisam ter paixão e emoção na dose certa. Isso pode ser essencial para convencer um interlocutor de que o empreendimento em questão merece a sua atenção (Box 1.12).

---

[5] Usa-se no mercado financeiro um termo em inglês para essa pequena apresentação: *pitch*.

> **BOX 1.12: HISTÓRIA**
>
> - O empreendedor deve registrar a história do seu modelo;
> - Deve testar com amigos a narrativa, o enredo, os personagens, o argumento, o tamanho, a consistência, a lógica, a emoção, os desafios e o sonho que busca comunicar;
> - Deve também adaptar sua história para cada público. É possível usar seu network de confiança para isso. Deve colher feedbacks e aperfeiçoar essa história constantemente.

No diálogo com agentes do setor financeiro, uma história bem contada é igualmente importante. Em geral, as bibliografias tratam o mundo das finanças como um universo frio. Planilhas e números podem ser frios e distantes, mas as pessoas que estão por detrás deles, interpretando, tomando as decisões, executando e gerando os fatos para que os números aconteçam, não o são. Vale lembrar que a história do empreendedor é também parte da história mais geral a ser contada: não dá para dissociá-los.

D. QUE VALOR O PROJETO TRAZ PARA O CLIENTE?[6]

Uma proposta de valor poderosa é um dos aspectos que mais seduzem um investidor potencial. Afinal, boas ideias são raras. E uma ideia poderosa é aquela que tem a possibilidade de atingir um lugar privilegiado na mente do cliente-alvo.

A rigor, a compreensão do que é valor nos parece escapar entre os dedos. Não é um tema trivial, pois traz aspectos objetivos e subjetivos. Qual é o valor que um dado negócio traz para seu cliente potencial? Que diferença esse produto ou serviço vai fazer

---

[6] Entendemos por proposta de valor de um produto, a capacidade desse produto satisfazer a necessidade de alguém (seja ela tangível ou intangível), comparada ao preço e ao esforço que essa pessoa terá que fazer para obtê-lo.

na vida dele? Por que esse futuro cliente prestará atenção nessa proposta? Por que ele comprará, usará e indicará esse produto para outros (Box 1.13)?

BOX 1.13: PROPOSTA DE VALOR

Todo empreendedor deve perguntar sobre o valor que o seu negócio gera para o seu cliente:

- Por que até hoje ninguém resolveu esse problema?
- O que faz do empreendedor e seu time, capazes de resolver essa questão?
- O que a empresa fez que torna seu produto diferente?
- Com que grau de inovação e diferenciação isso acontece?

O cliente valoriza aquilo que atende e satisfaz suas necessidades ou anseios reais. Quanto mais real e maior for essa necessidade (ou anseio) e quanto melhor for a proposta para satisfazê-la (comparada à proposta de um concorrente), mais valor o cliente atribuirá a esse produto ou serviço. Por outro lado, quanto mais difícil for o acesso a ele, menor o seu valor para o cliente.

Aprender a detectar os atributos que compõem essa equação de valor é uma competência chave para a diferenciação e o posicionamento de mercado de qualquer empresa. Isso é ainda mais verdade nos mercados contemporâneos, inundados por uma enorme gama de produtos e serviços análogos.

Nesse sentido, inovar de algum modo é essencial, nem que seja na qualidade estética do projeto. Ou na atenção prestada pelos atendentes. E, claro, se o empreendedor puder oferecer soluções verdadeiramente inovadoras do ponto de vista tecnológico, de processos, de acesso, de canais, de proposta de valor, melhor.

No entanto, ter um conceito muito claro sobre essa proposta de valor é um ponto de partida essencial.

Finalmente, vale notar que, no caso dos projetos voltados para os mercados da base da pirâmide, a criação de valor pode ter uma dinâmica muito diferente da observada nos mercados do topo da distribuição de renda. Nestes últimos, a proposta de valor busca, em geral, criar necessidades para mercados existentes (como um novo produto ou serviço), enquanto a primeira tem por foco criar mercado para necessidades já existentes, mas não atendidas adequadamente.[7]

E. QUE INDICADORES DE SUCESSO UTILIZAR?

Ter a disciplina de capturar e disponibilizar indicadores selecionados é uma prática essencial para a manutenção do relacionamento saudável entre o empreendedor e um eventual investidor, por exemplo. Afinal, o que poderá assegurar que um projeto está no caminho certo? Quais são os indicadores adequados para serem acompanhados regularmente?

Os indicadores financeiros são uma parte importante dessa seleção, mas não são os únicos relevantes, ainda mais quando o agente financeiro em questão tiver propósitos que vão além de gerar lucro, buscando, por exemplo, impacto social e/ou ambiental positivo (Box 1.14).[8]

---

[7] Veja: Hart, S.; London, T. *Next generation business strategies for the base of the pyramid*. Upper Saddle River: Pearsons Education Inc., 2010.

[8] Abordaremos esse tema com maior profundidade mais adiante, quando falarmos do perfil dos atores do mercado financeiro e seus focos de interesse. Porém, para adiantar, vale dizer que, para cada perfil de ator, há um conjunto de indicadores que faz mais sentido serem acompanhados e outros que não.

> **BOX 1.14: MAPA DE INDICADORES**
>
> O empreendedor deve fazer um mapa dos indicadores chave para seu negócio. E deve valorizar aqueles que comunicam claramente a performance do seu modelo de negócios. O empreendedor iniciante deve perguntar a pessoas de confiança, e que entendam do seu setor, quais indicadores fariam sentido para elas.
>
> Em uma negociação, faz sentido validar os indicadores propostos com o seu interlocutor do mercado financeiro, identificando aqueles indicadores que balizarão a avaliação do modelo de negócio. É importante identificar indicadores que fazem sentido tanto para o empreendedor quanto para o agente financeiro. É legítimo negociar, mas é preciso estar aberto e agir com discernimento.

Todo indicador tem limitações, mas números são essenciais. Precisam ser bem aferidos e bem compreendidos. No entanto, vale lembrar que eles são apenas a consequência de uma história em execução. Os números dão consistência à história. Quanto mais claros e transparentes, melhor.

Porém, vale notar que números também podem ser utilizados para iludir. Nesse sentido, é preciso evitar o uso ingênuo de indicadores. Todo bom analista duvida dos dados que lhe são apresentados. Além disso, os eventuais credores ou investidores são especialistas em duvidar dos números que recebem.

Outra reflexão importante diz respeito à negociação de metas. Uma dificuldade que muitos empreendedores enfrentam com seus parceiros financeiros ocorre quando as metas associadas aos indicadores definidos em consenso não puderam ser atingidas por alguma razão qualquer.

Isso pode ser ruim para a autoestima do empreendedor e para o relacionamento com os parceiros do negócio. Mas, pior é quando não existem metas claras, isto é, não há alinhamento quanto ao que é percebido como sucesso. Nesse caso, a sustentação de qualquer relacionamento ficará comprometida: a confiança entre as partes.

Quando a empresa ainda não possui um fluxo de caixa consistente,[9] o que é muito comum no caso das empresas em estágio inicial, os planos de negócio buscam se basear em projeções do número de clientes. Isso nem sempre é simples. Tais projeções precisam partir das premissas mais realistas possíveis, mas nem sempre é possível fazer isso em bases sólidas, principalmente quando o modelo visa mercados que nunca foram acessados anteriormente.

Nesse caso, a tração que o negócio gerará terá que ser captada através da utilização de indicadores alternativos. Eles ajudam a entender o quão promissor um negócio é ou pode vir a ser. É comum, nesses casos, serem adotadas métricas relacionadas ao grau de atenção ou interesse do público-alvo, que podem servir como prenúncio de um fluxo de caixa promissor no futuro. Porém, dependendo do tipo de negócio em questão, diferentes indicadores podem compor o "mapa de tração" do modelo. Por exemplo, indicadores de interesse podem ser gerados pela internet e mídias sociais: *hits, leads*, curtidas, compartilhadas, *posts*, etc.

F. COMO GERAR CAIXA E QUANTO CUSTA GERAR ESSE VALOR?

O pior momento para se buscar capital é quando o caixa está acabando. Situações de estresse financeiro são facilmente percebidas pelos eventuais emprestadores e podem levar o empreendedor a uma negociação desfavorável. Ou pior: a não conseguir recursos e quebrar.

---

[9] O fluxo de caixa é considerado, em geral, o principal indicador de tração do negócio.

O caixa será sempre uma das preocupações mais dramáticas dos negócios em seu início, sobretudo em contextos de carência crônica de capital — como é típico da maioria das empresas iniciantes no Brasil. Antes do negócio entrar em um voo de cruzeiro, o empreendedor deve se preparar para uma decolagem acidentada. Sempre.

Se o dinheiro acabar e o empreendedor não conseguir mais recursos, fim de jogo. Uma empresa não quebra por apurar prejuízo. Uma empresa quebra porque o dinheiro acabou. Isso significa que os gestores precisam estar sempre atentos para não deixar o dinheiro faltar.[10] No entanto, dificuldades cotidianas com o caixa não podem deixar o negócio se desviar de seu objetivo essencial.

Por isso, logo no início do projeto, é essencial identificar muito claramente quem se interessa em pagar pela solução oferecida. O empreendedor deve desenvolver um olhar ampliado sobre a cadeia de valor. Não olhar apenas o seu cliente final, mas todas as possíveis fontes de receita do negócio, mesmo as improváveis. Isso pode incluir recursos oriundos da publicidade, por exemplo, ou do compartilhamento de informações com terceiros (Box 1.15).

BOX 1.15: CAIXA - FONTES ALTERNATIVAS

Os empreendedores devem desenvolver uma visão ampliada sobre os possíveis beneficiários do seu modelo de negócio. Isso pode expandir sua perspectiva sobre potenciais clientes.

Para exemplificar, vale a pena citar o *Google*. Quanto um dado indivíduo paga para consultar o *Google*? Nada. Entretanto, é uma das empresas com maior taxa de crescimento de faturamento das últimas décadas, pois focou na publicidade como fonte alternativa de receita.

---

[10] Voltaremos a esse ponto em detalhes no Capítulo 3.

Para compreender as receitas potenciais de um dado negócio, ele precisará entender também o quanto o beneficiado estaria disposto a pagar. E calcular o quanto custará resolver e entregar a solução para esse problema ou anseio.[11]

No fundo, ao pensar no caixa que o modelo gerará, faremos perguntas difíceis, mas absolutamente essenciais. O modelo fica de pé? A conta fecha? Esse será um ponto crucial em qualquer negociação com agentes financeiros.

G. QUAL É O TIME E QUEM SÃO OS PARCEIROS?

Investidores também vão querer conhecer o time envolvido no projeto, além de parceiros considerados estratégicos, caso existam. Isso será discutido em detalhes, inclusive na hora de selecionar — se for o caso — a pessoa que substituirá a figura do empreendedor se necessário (Box 1.16).

BOX 1.16: PERFIL DOS COLABORADORES

Os perfis de colaboradores podem variar ao longo do tempo. O empreendedor deve ser capaz de identificar os perfis que o negócio demandará a cada momento:

- *De que perfil de colaboradores o negócio precisa agora para ser bem-sucedido?*

- *E de que parceiros externos o negócio precisa?*

- *Quem o empreendedor conhece que pode ajudá-lo a encontrar esses perfis?*

O empreendedor deve fazer uma lista com os perfis essenciais. Um bom começo é elencar as competências, habilidades e atitudes necessárias para o negócio.

---

[11] Em última instância, voltamos à equação VTV x CAMC, discutida anteriormente.

Quem está e quem estará ao lado do empreendedor em longo prazo? Como reter os quadros que o empreendedor considera estratégicos? Quanto mais inicial o negócio, mais ele dependerá do time que está com ele. *Startups* são como recém-nascidos, que demandam cuidados, competências e atitudes especiais. E nem todos os colaboradores se adaptam a essa dinâmica.

Em *startups*, onde o trabalho é intenso e os recursos tendem a ser muito escassos, algumas das perguntas críticas a serem feitas ao empreendedor sobre esse tema por parte de agentes financeiros (como um investidor) são as seguintes:

- *Quais são as regras de convivência?*
- *Como a empresa mantém seus colaboradores chave?*
- *O empreendedor considera sair do negócio no futuro próximo?*
- *Como ele fará para excluir alguém do projeto, se necessário?*
- *Alguém novo pode entrar no time? Em que condições?*

Alinhar essas questões eleva a probabilidade do empreendedor ser capaz de manter um time focado e engajado. E isso vale para todos os seus colaboradores e parceiros externos, trazendo economia de energia e foco.

H. QUAL É O SETOR DE ATUAÇÃO?

Alguns fundos de investimento — como discutiremos mais à frente — são especializados em segmentos específicos de mercado. Nesses casos, quando uma negociação é aberta, eles conhecerão o setor em detalhes, incluindo seus principais atores e indicadores.

Assim, antes de começar a falar com agentes financeiros, o empreendedor precisa conhecer o setor no qual o negócio está inserido e as principais tendências que o influenciarão. Deve certificar-se da atratividade do segmento para ele, sua futura equipe, parceiros, aliados e, claro, credores e financiadores (Box 1.17).

> **BOX 1.17: SETOR DE ATIVIDADE**
>
> - *O empreendedor deve frequentar palestras e feiras do setor que escolheu para atuar;*
> - *Deve analisar a cadeia de valor ampliada de seu negócio e entender o papel de cada ator, seus interesses, motivadores, o que os afeta positiva e negativamente;*
> - *Deve ler sobre temas transversais à sua área, que podem influenciar tendências e cenários futuros;*
> - *Deve acompanhar as novidades da tecnologia, da forma de pensar, dos anseios, das formas de interagir e comunicar, entre outros;*
> - *O empreendedor deve fazer uma lista com os perfis essenciais. Um bom começo é elencar as competências, habilidades e atitudes necessárias para o negócio.*

É por essa razão que dedicar parte do tempo para estudar, informar-se, pesquisar e entender a dinâmica de funcionamento do setor em que está inserido é sempre importante. Lembre-se que vivemos em uma era de grandes transformações tecnológicas e culturais. Tudo muda rapidamente. E nenhum setor está imune.

O empreendedor precisará entender os cenários que se apresentam no horizonte em termos de evolução do seu setor. Isso também o ajudará a desenvolver argumentos adequados para atrair quem deseja: parceiros, colaboradores ou investidores.

I. QUEM SÃO OS CONCORRENTES?

Conhecer os concorrentes de hoje nem sempre é simples. E quem poderão ser os concorrentes do futuro? É comum os empreendedores mirarem em concorrentes próximos e esquecerem grandes concorrentes, que — mesmo remotos — podem fazer estragos profundos em seu projeto.

Para um investidor, esse tópico tem grande relevância devido à probabilidade de evolução sadia ou não do modelo de negócio em longo prazo. Se um modelo inova e gera valor, quanto maiores as barreiras de entrada a concorrentes, melhor para o futuro do projeto. E valem, nesse caso, barreiras tecnológicas, barreiras jurídicas (como patentes) e barreiras de escala (Box 1.18).

BOX 1.18: BARREIRAS DE ENTRADA

Quais são as barreiras de entrada do setor em que o empreendedor atua?

- *Se for fácil entrar, mesmo que o empreendedor saia na frente, muito rapidamente outros vão seguir. Ele deve se preparar para isso.*
- *Se for difícil entrar, é preciso descobrir por quê. Esse provavelmente é um dos principais pontos fortes desse negócio.*

Muitos negócios inovadores na área de internet têm barreiras de entrada baixas, pois seus custos de desenvolvimento são relativamente baixos e podem ser copiados com facilidade. Esse parece ser o caso, por exemplo, dos vários aplicativos (para celulares) voltados para serviços de táxi, que se proliferaram pelo Brasil recentemente. A partir de uma ideia inovadora desenvolvida por uma única empresa, surgiram rapidamente vários concorrentes importantes.

Se o empreendedor tiver um negócio inovador, que ninguém propôs anteriormente, ele precisará explicar a um eventual investidor por que até hoje ninguém resolveu o problema que ele se dispõe a resolver. Será falta de imaginação? Ou uma dificuldade real? Ou o problema simplesmente não é relevante? O que faz essa equipe ser capaz de resolvê-lo?

1.3. PRÓXIMOS PASSOS

Ter um credor ou um investidor? O que é melhor para o empreendedor e o momento da sua empresa? Como já mencionado, o credor dará recursos em troca de repagamento (com juros) no futuro. O investidor, além de recursos, costuma atuar abrindo portas, oferecendo *mentoring* (aconselhamento), participando mais ativamente nas questões estratégicas e agregando conhecimento, tudo isso em troca de ser sócio.

Ponderar sobre os custos versus benefícios de um e outro, caso a empresa tenha acesso aos dois, deve ser um exercício de profunda reflexão. E vale conversar com pessoas próximas em quem o empreendedor confie.

A probabilidade de escolher o que é mais interessante em termos de captação de recursos será maior quanto melhor e mais real for o seu conhecimento sobre si próprio e sobre o seu negócio. Também conta muito o seu entendimento sobre o potencial de crescimento da sua empresa ao longo do tempo e sobre as alternativas existentes no mercado financeiro.

O que é melhor? Ser dono de 100% de uma empresa que vale um milhão de reais, ou 60% de uma empresa que vale dez milhões? Esse é um dilema típico. *Equity* traz a figura da sociedade, o que nunca é simples, mas também a possibilidade de uma curva de aceleração mais rápida do seu negócio. O empreendedor dividirá lucros, mas também riscos. E enfrentará os desafios de uma nova governança, por exemplo.

De uma forma simplificada, dizemos que, se — depois de uma avaliação aprofundada — o problema da empresa é exclusivamente financeiro, a dívida tende a ser a melhor opção. Em outras palavras, se o empreendedor deseja apenas ter acesso a recursos financeiros e nada mais, se acredita que obterá os mesmos resultados e no mesmo prazo que teria através do acesso a *equity*, é melhor que ele fique com a dívida. Ela é mais barata. É mais simples juridicamente. Não há a necessidade de diluir sua participação na empresa.

Agora, também de forma simplificada, se ele enxerga valor em ter um sócio que agregará gestão, conhecimento e *network* e injetará capital, acelerando a sua trajetória de crescimento, o acesso a *equity* aponta para a melhor opção. Nesse caso, ele considerará que, sem esses elementos "extracapitais", sua trajetória não seria a mesma em termos de desempenho. O importante é ter ciência sobre quais são propostas de valor diferentes e relações diferentes. Os riscos e os resultados serão de quem tomar a decisão mais acertada.

Tendo refletido sobre quem ele é, o que sonha e qual a natureza do seu negócio, o empreendedor terá percorrido uma parte importante das etapas necessárias para captar recursos no mercado financeiro. Por exemplo, não faz sentido captar recursos de um investidor sem considerar cuidadosamente aonde se quer chegar. E não dá para justificar o caminho pretendido sem um bom plano de negócios.

No entanto, para captar recursos, é preciso também entender em profundidade as necessidades atuais e futuras e as fontes de recursos disponíveis. Para cada fonte, é preciso compreender as diferentes opções e as regras relacionadas a cada uma delas. Os próximos capítulos deste livro são dedicados a aprofundar esses temas, analisando em detalhes como, quando e por que o empreendedor deve optar por contrair uma dívida ou buscar um sócio investidor, por exemplo.

CAPÍTULO 2

Acesso a Recursos na Forma de Dívida

Este capítulo, assim como os próximos, ajudará o leitor a compreender melhor como estruturar o passivo de uma organização (originar recursos) através do mercado privado. Um resumo contábil dessa lógica é apresentado no Quadro 2.1, a seguir.

QUADRO 2.1: ORIGEM DE RECURSOS EM UMA ORGANIZAÇÃO

ATIVO (APLICAÇÃO DOS RECURSOS)	PASSIVO (ORIGEM DOS RECURSOS)	
	Mercado privado	Mercado público
– Caixa – Contas a receber – Estoque – Ativos fixos – Ativos totais	1. Empréstimo de instituições financeiras	3. Dívida no mercado de valores mobiliários
	2. Ações de empresas de capital fechado (*private equity*)	4. Ações de empresas de capital aberto (*public equity*)

Fonte: Adaptado de "Introdução ao *private equity* e *venture capital* para empreendedores" (ABDI – Agência Brasileira de Desenvolvimento Industrial).

A rigor, a obtenção de recursos para uma empresa pode ser feita através de instrumentos de dívida (quadrantes 1 e 3), ou através de instrumentos de capital (quadrantes 2 e 4). Nos dois casos, os recursos podem ser aplicados nos ativos da empresa, com o objetivo de viabilizar a entrega de valor que constitui a essência do modelo de negócio dessa organização.

Como mostra o Quadro 2.1, existem diferentes alternativas de geração de recursos no mercado financeiro privado. Essas alternativas tendem a se organizar segundo alguns critérios, ou premissas, permitindo várias formas de segmentação que, inclusive, "dialogam" entre si, dependendo do nível de profundidade que se deseje analisar e segmentar. Qual é a melhor alternativa? Qual o melhor momento para acessá-las? Este capítulo aprofunda e detalha esses aspectos no caso da dívida.

2.1. A IMPORTÂNCIA DE LEVAR EM CONTA O TEMPO ENTRE DESEJAR O RECURSO E OBTER O RECURSO

Quando é chegado o "tempo certo"? Por um lado, esse é um tempo que tem a ver com uma boa compreensão do estágio da organização, como discutimos anteriormente. Por outro, em termos práticos, esse é o período entre o momento inicial, no qual o empreendedor começou a preparar o material de apresentação sobre seu negócio, e o momento final, quando o recurso foi desembolsado e está disponível para uso. Algumas negociações podem ser muito longas, pois envolvem um grande trabalho de conhecimento de parte a parte e de elaboração de um acordo de cooperação.

Em outras palavras, o tempo de preparação da captação de recursos começa com o trabalho interno da empresa, preparando o projeto de forma adequada e considerando todos os elementos necessários. Esse tempo está, em tese, sob o domínio e controle do empreendedor, pois ele pode determinar essa prioridade e focar o trabalho nisso (Box 2.1).

> **BOX 2.1: PLANEJAMENTO DA CAPTAÇÃO**
>
> O empreendedor deve ser conservador nas estimativas do tempo necessário a uma captação. Faz sentido trabalhar com uma margem de 20% de tempo a mais em relação ao inicialmente estimado (incluindo preparação e negociação).
>
> Por exemplo, se a empresa levar um mês para preparar o material a ser submetido a um agente financeiro, e se o tempo interno a esse agente for de três meses para desembolsar o recurso, o tempo teórico do processo todo levaria 120 dias. Por segurança, sugerimos estender esse planejamento para 144 dias.
>
> Vale também lembrar que, nesses momentos, serenidade e calma são ativos valiosos. Pressa e ansiedade certamente prejudicarão a visão que o empreendedor tem da oportunidade em questão.

Existe outro período que está fora do seu controle, que é o tempo do agente financeiro. Esse é o período necessário para ele avaliar, selecionar e validar internamente a operação, negociar (caso seja do seu interesse) e aprovar internamente a negociação feita, analisar a empresa, assinar o contrato e, finalmente, desembolsar.

Claro, esse tempo varia de agente para agente, tanto no mundo da capitação de dívida, quanto de *equity* (capital) ou *grant* (fundo perdido). Aqui, o olhar estratégico do empreendedor é primordial. Por quê?

Porque, muitas vezes, saímos em busca de recursos com o "tempo vencido", ou seja, extremamente pressionados pelo tempo. Quantas vezes não aconteceu de só recorrermos ao banco quando a corda já estava no pescoço? Isso pode ser problemático, pois o *timing* influencia muito a qualidade da argumentação e da negociação entre as partes. Na prática, quando se tem pressa, de duas, uma: ou não vamos encontrar a solução a tempo, ou vamos encontrar e pagar mais caro pela pressa. Nenhuma delas é satisfatória.

No Quadro 2.2, apresentamos o tempo médio de desembolso entre os tipos de fontes que existem. Vale notar que essa não é uma informação exata, pois cada processo de análise é um caso específico, com suas particularidades, qualidades e detalhes.

Vale lembrar também que, além desse horizonte temporal, há o tempo interno do empreendedor, necessário para a reflexão e para a preparação do material exigido. Será que ele quer dar um passo tão sério quanto colocar um sócio na operação? Todos devem refletir pelo menos três ou quatro vezes sobre essa pergunta. Ela pode ter consequências de longo prazo para o empreendedor e para seu sonho.

Na sequência deste capítulo, aprofundaremos o aspecto de financiamento via dívida. No próximo capítulo, detalharemos o financiamento através de obtenção de investimento.

QUADRO 2.2: TEMPO MÉDIO DE ACESSO A RECURSOS DE ORIGENS DIVERSAS		
ORIGEM	NATUREZA	PERÍODO ESTIMADO DE APROVAÇÃO*
Banco comercial	Dívida capital de giro	1 a 3 meses
Banco comercial	Dívida investimento	2 a 4 meses
BNDES direto	Dívida	4 a 6 meses

BNDES indireto	Dívida	2 a 4 meses
BID – Banco Interamericano de Desenvolvimento	Dívida	6 a 8 meses
IFC – International Finance Corporation	Dívida/*Equity*	6 a 8 meses
Aceleradora/Angel	*Equity*	2 a 4 meses
Fundo venture capital/private equity	*Equity*	6 a 10 meses
Fundações/Agências fomento	Subvenção	4 a 6 meses

(*) Os períodos podem variar segundo o agente financeiro em questão. Este quadro tenta dar uma visão aproximada do tempo necessário entre o planejamento e o desembolso, segundo a experiência dos autores.

2.2. PRINCIPAIS FONTES DE RECURSOS VIA DÍVIDA

A maior parte dos empreendedores formais já tomou crédito de algum modo — ou tem uma linha de crédito aprovada —, mesmo que na forma de uma "conta garantida" associada à conta bancária pessoal ou da sua organização em um determinado banco. Embora muitos empreendedores tratem esse tema como um mero detalhe burocrático, é importante perceber que condições de pagamento, prazo e juros das diferentes linhas de crédito podem variar substancialmente com grande impacto econômico para o negócio.[1]

---

[1] De forma simples, a dívida pode ser definida como uma operação que envolve a figura de um emprestador de recursos (o credor) e de um tomador (o devedor). O emprestador fornece recursos para o tomador e este se compromete a devolver esses recursos de acordo com as condições de prazo e de taxas de juros previamente pactuadas. Em geral, operações de dívida são formalizadas através de um contrato, que pode ter diferentes graus de complexidade. De fato, esses contratos podem estipular várias outras regras. Veja, por exemplo, a discussão sobre covenants mais à frente.

No contexto de elevadas taxas de juros, como as normalmente praticadas no Brasil, a decisão sobre como e quando entrar em dívida pode ter implicações muito significativas para o negócio. De fato, quando o empreendedor não possui geração de caixa suficiente ou aplicações que possam ser usadas para evitar o endividamento, a regra é evitar as dívidas mais caras (as com juros mais altos) ou buscar trocá-las por aquelas mais baratas.

Por exemplo, se a conta-corrente da empresa entrou, por algum motivo, no cheque especial, pode fazer sentido ir a um *factoring* descontar cheques pré-datados se a taxa de desconto praticada pelo *factoring* for menor do que a taxa do cheque especial.[2] No entanto, nem sempre essa condição se verifica na prática, sendo necessário estar atento às condições propostas por cada agente financeiro. Em outras palavras, cada negociação é uma negociação, e as condições podem mudar ao longo do tempo.

Outro aspecto relevante é que as organizações bancárias costumam segmentar sua clientela de modo muito preciso, tendo por base a informação coletada sobre essa pessoa ou organização ao longo do tempo. Para cada cliente (pessoa física ou jurídica), a instituição financeira organiza um histórico bancário que funciona como uma espécie de "prontuário". São informações sobre a capacidade de pagamento, histórico de inadimplência, grau de endividamento, posse de garantias e outros tópicos relevantes. No momento de uma negociação, essas informações são utilizadas pelo gestor financeiro para apoiar a decisão a respeito da concessão de crédito para um determinado cliente.

---

[2] Veja a discussão sobre factoring mais à frente.

O Quadro 2.3 apresenta, de forma simplificada, como uma instituição financeira segmenta sua clientela quando decide sobre a alocação de empréstimos. Por exemplo, o cliente "conservador", com alta capacidade de pagamento e baixo grau de endividamento, tende a ser percebido como menos arriscado pela organização bancária, sobretudo se não tiver um histórico de inadimplência.

Fonte: Eduardo Fortuna – "Mercado financeiro: produtos e serviços".

Do mesmo modo, um cliente "malabarista", muito endividado e com baixa capacidade de pagamento, será percebido como tendo um risco muito elevado. Se algum crédito vier a ser concedido nesse caso, o banco evitará oferecer um limite de crédito elevado e tenderá a praticar taxas de juros mais altas.

Em outras palavras, o conjunto de informações que um banco dispõe sobre um cliente influencia suas decisões de concessão ou não do crédito, assim como as características desse empréstimo em termos de prazo, taxa de juros e garantias necessárias. Muitas empresas iniciantes não conseguem recursos — ou recebem limites de crédito que parecem absurdamente baixos — simplesmente porque o banco não dispõe de informações suficientes sobre aquela organização. Na falta de um histórico adequado de informações, a prática mais comum dos bancos é não arriscar.

Felizmente para as *startups*, a oferta de crédito vem se diversificando e até mesmo algumas instituições bancárias, ainda que conservadoramente, estão abertas a esse tipo de cliente em determinadas circunstâncias. A oferta está longe do suficiente, mas pode ser o começo de uma mudança desse cenário historicamente tão árido no nosso país. Detalharemos esses aspectos a seguir, com foco na capacidade de pagamento e de desenvolvimento do empreendedor. Apresentaremos inicialmente as principais fontes de recursos. Mais à frente, aprofundaremos os aspectos que devem ser considerados pelo empreendedor no momento da captação de dívida.

Discutiremos nesta seção as principais fontes de recursos disponíveis no formato de dívida. Essas fontes podem ter uma natureza mais formal (através de agentes financeiros) ou informal, contraídas no âmbito do universo familiar ou da rede de relacionamento. Novas oportunidades também têm emergido com o advento da Internet, como as chamadas plataformas de *crowdfunding*. Detalharemos a seguir essas modalidades, indo das mais simples em termos de captação (como o recurso originado na rede de relacionamento do empreendedor) até as modalidades mais complexas (como a captação em uma organização multilateral).

A. FAMÍLIA, AMIGOS E FÃS – FAMILY, FRIENDS & FANS (FFF)

A captação de recursos do tipo dívida no âmbito do círculo de relacionamento do empreendedor é uma prática extremamente comum. Nesse caso, costuma valer a relação emocional e de confiança entre as partes.

Estamos nos referindo aqui a uma captação em que o tomador se compromete a devolver os recursos em um determinado prazo, pagando uma determinada taxa de juros. Garantias podem também ser ou não ser mobilizadas, mas o mais comum é que não sejam especificadas. Além disso, essa captação pode ou não ser objeto de contrato formal. A maioria desses acordos tem caráter informal, sobretudo quando firmados entre familiares.

Embora essa estratégia seja popular, vale notar que ela pode colocar em risco relações consolidadas e contribuir para situações de estresse no ambiente doméstico. Isso se dá porque nem sempre aquele que empresta nessas circunstâncias compreende os riscos envolvidos no negócio. Por exemplo, não é incomum o empreendedor deixar em segundo plano o pagamento dos empréstimos contraídos junto à família, dando prioridade àqueles contratados em instituições bancárias (Box 2.2).

> **BOX 2.2: DÍVIDA NO ÂMBITO DA REDE FAMILIAR**
>
> O empreendedor deve usar com bastante critério a prática de contrair dívidas entre parentes e amigos. Em caso de contratos mais vultosos e por prazos mais longos, as principais formas de mitigação de problemas são as seguintes:
> - *Buscar formalizar essa relação. Contratos particulares podem ser firmados com esse fim. Existem formatos pré-elaborados que contêm as cláusulas básicas que regulam esse tipo de relacionamento;*
>
> *(conclusão)*

- *Para a relação entre as partes ser equilibrada, é conveniente estipular uma cláusula de remuneração do capital, como a dada pelo reajuste da caderneta de poupança, por exemplo. Mesmo que a transação não envolva lucro, isso reduz a perda do emprestador com a inflação;*

- *Tanto acordos formais quanto informais devem ser registrados na declaração do imposto de renda quando ultrapassarem o dia 31 de dezembro, pois tomadores e credores terão que lançar tais informações na declaração de ajuste anual.*

Todos esses elementos sugerem que o acesso a esse tipo de recurso — embora necessário em muitos casos — tem que ser gerido com bastante prudência e inteligência emocional. Um ponto de muita atenção para as empresas em busca de investidores é a necessidade de equacionamento prévio desse tipo de débito no caso da entrada de um novo sócio na organização. Fundos de investimento costumam propor, como condições para o investimento, cláusulas contratuais que vedam a realização de "contratos entre partes relacionadas", evitando que a empresa se relacione comercialmente com membros da família de algum dos seus sócios.

Existem também formas mais sofisticadas de engajamento da rede de relacionamento na contração de uma dívida no sistema bancário. Por exemplo, o familiar pode ser apenas o garantidor de um empréstimo contraído em outra organização. Ou, ainda, esse familiar pode oferecer um bem como garantia do empréstimo contraído pelo parente. Nesse caso, o risco para o garantidor é similar ao incorrido no empréstimo familiar convencional.

Outra variante interessante dessa modalidade se dá quando apenas um dos sócios de uma empresa faz um empréstimo direto para essa organização. Contratos informais desse tipo são bastante comuns em situações de estresse de caixa no curto prazo, quando a empresa em questão não quer ou não pode contrair mais empréstimos bancários. Nesse caso, geralmente são contratos de curto prazo, nem sempre registrados no balanço da empresa. Se os prazos forem mais longos, garantias de diversos tipos também podem ser mobilizadas.

B. FINANCIAMENTO COLETIVO (DÍVIDA) – CROWDFUNDING

O financiamento coletivo é uma prática de financiamento de um projeto ou empreendimento onde o empreendedor levanta recursos a partir de um grande número de pessoas, normalmente através de uma plataforma da internet, as chamadas plataformas de *crowdfunding*.

No modelo de *crowdfunding* dedicado à dívida, interagem três tipos de "atores": o empreendedor do projeto que deseja captar, os emprestadores que apoiam o projeto e a plataforma de Internet. Essa última organiza a relação entre doadores e tomador de recursos, dando visibilidade ao projeto e viabilizando os aportes de recursos, mediante a cobrança de comissão. Trata-se de um movimento que vai ganhando tração nas redes sociais, tanto que, em 2013, estima-se que a indústria de *crowdfunding* no mundo movimentou U$5.1 bilhões.

Na forma de dívida, essa modalidade de financiamento também é chamada no exterior de *peer-to-peer lending* (P2P), ou empréstimo pessoa a pessoa, onde o emprestador empresta recursos a um dado projeto anunciado, dentro de regras mutuamente acordadas no âmbito de uma intermediação realizada pelos gestores do site. Nesse tipo de plataforma, o gestor se encarrega, além da parte operacional e dos contratos, da avaliação do risco de crédito, aspecto essencial para a efetivação do negócio. A grande novidade do *peer-to-peer lending* é a realização de leilões de taxas de juros entre os possíveis emprestadores, onde as taxas mais baixas são aquelas contratadas, beneficiando, portanto, o tomador de recursos.

No Brasil, esse é um mercado ainda incipiente, em fase inicial de desenvolvimento, e com desafios ainda não totalmente resolvidos no marco regulatório. Não existem dados confiáveis informando o quanto se transaciona nessa indústria atualmente. Porém, considerando as tendências internacionais e o benefício para o tomador de crédito derivado da redução das taxas de juros no âmbito dos leilões, é provável que essa tendência venha a ganhar corpo no Brasil no futuro próximo.

C. IMF – INSTITUIÇÕES MICROFINANCEIRAS (SCMPE E OSCIPS)

As SCMPE (Sociedade de Crédito ao Micro e Pequeno Empreendedor) podem conceder financiamento e prestar garantias a pessoas físicas com o objetivo de viabilizar empreendimentos de natureza profissional, comercial ou industrial de pequeno porte e pessoas jurídicas classificadas como micro e pequenas empresas. São, em geral, valores muito baixos, mais compatíveis com empresas informais ou nano empreendimentos. No entanto, também podem ser acessadas por empresas em seus estágios iniciais.

Em geral, os bancos comerciais são induzidos pelo Banco Central a alocar parte de suas reservas bancárias em operações de microcrédito, mas nem todos o fazem, devido ao tipo de carteira que a organização prefere operar ou devido ao risco envolvido nesse tipo de operação. Hoje, as maiores operações de microcrédito produtivo orientado do Brasil são operadas pelo programa Crediamigo, do Banco do Nordeste, e pelo Santander Microcrédito, que já ultrapassam, em conjunto, volumes superiores a um bilhão de reais. Várias outras organizações de menor porte, geridas por organizações sociais e até mesmo por prefeituras e governos estaduais, oferecem serviços semelhantes, embora em menor escala.

O diferencial das instituições de microcrédito que operam o crédito produtivo está na metodologia de análise de crédito, que, diferentemente dos formatos clássicos utilizados pelos bancos, utiliza o agente de crédito e as informações capturadas diretamente por ele no campo, com o empreendedor, como principal elemento para a tomada de decisão. Na perspectiva do empreendedor, uma dimensão bastante relevante é a não exigência de garantias convencionais, facilitando o acesso aos recursos.

Essa metodologia amplia a possibilidade de um empreendedor ainda informal ou em estágio embrionário do negócio e, portanto, sem nenhum histórico, acessar algum recurso. Não é adequada, porém, para negócios um pouco mais sofisticados e que demandam volumes mais elevados de recursos.

D. CRÉDITO NO CONTEXTO DA ACELERAÇÃO

No caso das empresas que passam por processo de aceleração, pode acontecer da incubadora ou aceleradora dessa organização entender como relevante a oferta de crédito para um dado negócio.[3] Evidentemente, isso não é feito para todos os negócios

---

[3] Incubadoras e aceleradoras são organizações voltadas a apoiar empresas em seu estágio inicial. Esse apoio pode se dar de diferentes formas, com contrapartida e sem contrapartida na forma de pagamento ou participação acionária.

acelerados, mas pode ser feito seletivamente para aqueles projetos que a aceleradora considera mais relevantes ou promissores do ponto de vista de seus objetivos de geração de rentabilidade ou impacto social, por exemplo.

Embora isso não seja muito comum, esses empréstimos podem ocorrer quando a aceleradora entende que a empresa em questão tem muito potencial. No entanto, por encontrar-se em um estágio muito embrionário, precisa de capital em um prazo mais curto e não terá condições de acessar recursos através do sistema bancário convencional, ou através de fundos de investimento.

Nesse tipo de operação, um problema importante que vai sempre se colocar é a questão da oferta de garantias. Afinal, as aceleradoras são organizações que têm que prestar contas dos recursos que administram para seu conselho e seus apoiadores. Assim, para que esse tipo de operação se realize, faz-se necessário o estabelecimento de um relacionamento formal de crédito com o empreendedor eventualmente apoiado.

Um formato inovador — que vem se consolidando entre *startups* e organizações aceleradoras de negócios em estágio inicial — é o empréstimo que tem como contrapartida a oferta de cotas ou ações da empresa como garantia. De certa forma, trata-se de um formato híbrido entre dívida e investimento, pois esse mecanismo permite uma transição relativamente simples entre as duas modalidades de captação de recursos. Nesse caso, a dívida será convertida em ações, caso as partes tenham interesse em exercerem essa "opção de compra" no momento de quitação do débito.

Essa pode ser uma modalidade interessante no contexto do início de relacionamento entre uma empresa e um eventual apoiador, pois a dívida é um compromisso mais fácil de ser desfeito (com a quitação do débito), caso as partes concluam que não faz sentido assumirem um relacionamento de longo prazo. É, porém, uma modalidade que deve ser acionada com certa cautela, pois — como todo tipo de acordo desse tipo — pode vir a induzir conflitos societários importantes, dependendo dos termos acordados. Nesse caso, a variável-chave desse tipo de negociação (entre futuros sócios) será a estimativa do valor a ser atribuído à empresa no momento do empréstimo (*valuation*).[4]

E. DESCONTO DE TÍTULOS – FACTORING

As organizações de *factoring* não são instituições financeiras no sentido clássico da palavra. Elas operam adquirindo de empresas os seus recebíveis com vencimento futuro, adiantando recursos à vista. Embora esse tipo de negócio tenha se originado de modo informal, voltado para o desconto de cheques pré-datados, ele foi sendo gradativamente regularizado. No período recente, diferentes bancos também têm realizado a operação de antecipação de recebíveis.

Essa é uma forma bastante simples de antecipar o recebimento de recursos que só entrariam no caixa da empresa no futuro. Porém, como sempre, a decisão sobre utilizar ou não esse tipo de serviço é do empreendedor, que deve considerar com cuidado as opções existentes (Box 2.3).

---

[4] Como trata-se de uma modalidade muito relacionada ao tema de investimento, recomendamos ao leitor que queira se aprofundar no assunto ler também o Capítulo 3.

> **BOX 2.3: USO DO DESCONTO DE TÍTULOS**
>
> O uso regular do desconto de títulos exige uma gestão de caixa relativamente profissionalizada. Situações onde o crédito na economia torna-se muito restritivo e as taxas de juros sobem, por exemplo, podem implicar aumentos súbitos dos custos desse tipo de operação, bem como o aumento da inadimplência.
>
> Alguns pontos de atenção em relação a esse instrumento são os seguintes:
>
> - *O empreendedor deve ter bastante atenção com o custo financeiro dessa operação;*
>
> - *É importante observar se a antecipação de recursos para cobrir uma despesa emergencial não significará um descasamento entre receita e despesa no futuro;*
>
> - *É preciso verificar também a forma como a empresa de factoring gerencia os riscos de crédito. É comum que essas empresas recusem descontar títulos — como cheques pré-datados — que considerem mais arriscados, deixando todo o risco para a empresa que os recebeu.*

Para acessar o *factoring*, a empresa precisa ter títulos (recebíveis) que possam ser comprados. Normalmente, essa operação é viabilizada através da oferta de cheques ou duplicatas de terceiros (título emitido pela empresa vendedora com as faturas a vencer de seus clientes) a serem descontadas diretamente pela *factoring*.[5]

Trata-se de uma operação bastante comum, sendo que, na cadeia de abastecimento de alguns setores, grandes empresas podem facilitar esse tipo de operação para os seus fornecedores de pequeno porte. Quando um fornecedor pequeno vende para uma grande empresa, não raro ele se defronta com uma política

---

[5] Uma fatura é formada pela relação de notas fiscais por serviços prestados ou produtos comercializados e que serão recebidos em data futura.

de compras com prazos muito dilatados de pagamento, que podem chegar a até 120 dias. Nesses casos, a grande empresa pode disponibilizar ao empreendedor a opção de antecipar esse recebimento através de uma *factoring* própria ou terceirizada, lançando mão para tanto de uma taxa de desconto.

F. BANCOS COMERCIAIS

O setor bancário no Brasil é altamente concentrado, mas é também segmentado, sendo que cada tipo de organização oferece soluções financeiras específicas para empresas. O modelo mais conhecido, o dos bancos de varejo, concentra grande parte de suas operações na área de capital de giro de curto prazo, mas também existem vários outros tipos de organização.

Em geral, bancos comerciais oferecem linhas de crédito a taxas preestabelecidas para empresas de diferentes portes, de modo que as mesmas possam ter recursos para melhor administrar o fluxo de recebimentos e pagamentos da organização (fluxo de caixa). Esses são os chamados produtos padronizados, ou de prateleira, sendo oferecidos, por exemplo, na forma de um cheque especial (ou conta garantida) ou na forma de um cartão de crédito corporativo (Box 2.4).

> **BOX 2.4: PRODUTOS DE PRATELEIRA – PRECAUÇÕES**
>
> Como qualquer consumidor, uma empresa também deve evitar contrair dívidas "caras", isto é, que tenham taxas de juros muito elevadas. Se for inevitável, o empreendedor deve garantir que esse endividamento ocorra em um prazo muito curto de tempo.
>
> Entre os principais produtos de crédito de prateleira, vale destacar:
>
> - *O cheque especial costuma ser o produto mais caro. Só convém aceitar se endividar dessa forma para apertos de caixa de curtíssima duração, inferiores a 15 dias;*

(continua)

(continuação)

> - *O cartão de crédito (crédito rotativo) é um produto de custo elevado, inadequado para financiamento em prazos superiores a 30 dias;*
>
> - *A antecipação de recebíveis, como cheques, faturas e duplicatas, pode ser usada quando a empresa está sem caixa, mas costuma ter custos elevados. As taxas também podem variar bastante, segundo a instituição financeira. O produto tem a vantagem do risco de crédito poder ser transferido para terceiros, dependendo da negociação;*
>
> - *O capital de giro costuma ser a linha mais barata, a mais adequada para problemas de caixa com prazos inferiores a três meses. Há, porém, o risco do uso contínuo produzir uma bola de neve em termos de endividamento.*

No entanto, diversas outras possibilidades de crédito são possíveis. Detalharemos a seguir algumas das principais modalidades de banco comercial, bem como o foco principal de atuação dos mesmos.

1) **Bancos de negócio** – *foco em estruturar e intermediar grandes operações também denominadas de project finance e de engenharia financeira.*

2) **Bancos de atacado** – *foco em poucos e grandes clientes:*
   - *Middle – médias empresas com potencial de grandes;*
   - *Corporate – grandes empresas;*
   - *Large corporate – grandes corporações, normalmente multinacionais.*

3) **Bancos de varejo** – *foco em muitos clientes, pessoa física ou jurídica, independentemente do tamanho:*
   - *Small – atendimento em agência, normalmente micro e pequenas;*

- Middle – médias empresas;
- Corporate – grandes empresas;
- Large corporate – normalmente multinacionais.

O Quadro 2.4 apresenta outra forma de segmentação de seus clientes, utilizada pelos bancos, levando em conta a perspectiva de relacionamento com o cliente e o nível de decisão envolvido. O acesso a esses diferentes produtos depende basicamente do tamanho da empresa (e, portanto, do volume de crédito demandado) e do nível de risco da operação.

Fonte: Eduardo Fortuna – "Mercado financeiro: produtos e serviços".

Em geral, apenas as maiores organizações têm acesso a serviços de assessoria especializada e aos níveis hierárquicos mais elevados do sistema bancário. Nesse tipo de circunstância, essas organizações são capazes de acessar produtos customizados para suas necessidades, que podem assumir diferentes dimensões, inclusive na forma de contratos sindicalizados, onde mais de um banco participa da operação de empréstimo.

De modo geral, os chamados bancos de negócio e atacado só costumam ser acessados por grandes organizações, sendo os bancos de varejo os únicos acessíveis para organizações de micro e pequeno porte e, em alguns casos, para *startups*. Além disso, a maior parte das organizações desse último tipo acessam apenas produtos padronizados. O agente que os atende tem pouca liberdade para adaptar o produto demandado às suas necessidades específicas, e é mais difícil obter condições especiais em termos de prazos e taxas de juros envolvidas, por exemplo.

Uma dificuldade importante, nesse caso, diz respeito à ausência de produtos de prazo mais longo, sendo a oferta mais concentrada em linhas mais curtas de capital de giro. Fora essas linhas de crédito de curto prazo, captar recursos voltados para o investimento no setor bancário — a não ser em linhas específicas disponibilizadas pelo setor público (como o BNDES) — é desafiador para empresas em estágios iniciais.

Outra característica do crédito disponível nos bancos de varejo é que, em geral, ele vem associado à aquisição de outros produtos bancários, como conta corrente, e até mesmo, seguros e outros produtos análogos. É a chamada reciprocidade, no jargão dos bancos. Retornaremos a esses pontos mais à frente.

G. BANCOS DE FOMENTO

Os bancos de fomento têm como missão principal viabilizar o financiamento de longo prazo no Brasil. Esse papel tem grande relevância para o setor privado em função da carência crônica de recursos de longo prazo, como discutido anteriormente. Nacionalmente, o BNDES é o principal operador dessa modalidade de financiamento, sendo que o Banco do Brasil e a Caixa Econômica Federal tendem a se concentrar em segmentos específicos, como o crédito agrícola e imobiliário. Existem também bancos regionais, como o BDMG, o Banco do Nordeste, o Banco da Amazônia, entre outros.

Em tese, o propósito dessas entidades é ampliar a eficiência e a capacidade competitiva da economia local e fomentar a inovação, a geração de empregos e o crescimento da renda. Por essa razão, essas organizações operam linhas de prazos mais longos e de custos mais baixos, muitas vezes subsidiados com recursos do Tesouro Nacional.

Nem sempre é simples uma organização iniciante captar recursos nesse tipo de organização. Por exemplo, para ser atendido diretamente no BNDES, o valor do financiamento deve ser de, no mínimo, 20 milhões de reais atualmente.[6] Dado o volume elevado de demanda, as empresas de menor porte têm que seguir um caminho indireto, via seu agente financeiro (banco comercial). E nem sempre essa operação pode ser viabilizada, pois o banco tem que funcionar, em alguns casos, como agente garantidor da operação (Box 2.5).

---

[6] Para mais informações sobre as soluções oferecidas pelo BNDES, veja o Anexo 3.

> ### BOX 2.5: OPÇÕES NO BNDES
>
> O site do banco (www.bndes.gov.br) oferece uma ferramenta denominada "Mais BNDES", que permite que o empreendedor realize um exercício para identificar o tipo de linha de financiamento disponibilizada pelo banco mais aderente para a sua necessidade e tipo de empresa. Além do tipo de linha em questão, o empreendedor encontrará informações detalhadas sobre as características da mesma.

Ainda no âmbito do BNDES, o produto focado em micro e pequenas e de mais simples acesso é o Cartão BNDES. Esse é um produto de crédito de longo prazo, vinculado à aquisição de produtos ou serviços específicos, como máquinas ou software, oferecidos por um conjunto bastante diversificados de fornecedores previamente cadastrados no BNDES e encontráveis no site do banco. No entanto, trata-se de um recurso vinculado necessariamente a uma aquisição, não podendo ser usado livremente pelo empreendedor, segundo suas necessidades mais gerais.

Alguns bancos regionais oferecem linhas de crédito específicas, viabilizadas pelos fundos constitucionais, destinados a apoiar o desenvolvimento de regiões menos desenvolvidas, como o Nordeste e a Amazônia. Não nos aprofundaremos na análise dessas linhas neste livro, mas, em geral, seguem um formato semelhante ao adotado pelo BNDES: crédito subsidiado de longo prazo, voltado para segmentos específicos da economia.

H. ORGANISMOS MULTILATERAIS

Organismos Multilaterais de natureza financeira são organizações que operam internacionalmente, em âmbito mundial ou regional. Em geral, são bancos constituídos por países membros, com o objetivo de fomentar o desenvolvimento da região que está no seu escopo de atuação. Até recentemente, organizações desse tipo apenas emprestavam recursos para governos nacionais ou subnacionais. Esse continua sendo o caso, por exemplo, do Fundo Monetário Internacional (FMI).

Porém, alguns atores relevantes, como o Banco Interamericano de Desenvolvimento (BID) e o Banco Mundial, passaram a também alocar recursos em organizações do setor privado, inclusive no Brasil. E, embora a maior parte dos recursos geridos por essas organizações continuem voltados para empréstimos direcionados ao setor público — aplicados, sobretudo, na área de infraestrutura —, as operações no setor privado passaram a ganhar crescente destaque no portfólio de negócios dessas entidades.

O Banco Mundial opera com o setor privado principalmente através do IFC – *International Finance Corporation*. Já o BID, cujo âmbito de atuação envolve a região das Américas e o Caribe, opera com o setor privado, através de três áreas principais:

- *OMJ – Oportunidades para a Maioria/BID – foco específico em negócios de impacto;*
- *CII – Corporação Interamericana de Investimentos/BID;*
- *FUMIN – Fundo Multilateral de Investimentos/BID.*

Embora essas organizações tenham a pretensão de operar com empresas de menor porte, o mais comum até agora é que as operações de créditos existentes no Brasil se concentrem em organizações maiores. Negociações desse tipo podem levar tempo e demandar um conjunto relativamente sofisticado de informações e documentação a ser produzida da parte do tomador de recursos. Isso ocorre em função da complexidade das operações envolvidas e do nível de exigência em termos de atendimento às regras e à oferta de garantias.[7] Uma exceção importante se dá quando os recursos dessas organizações são canalizados para fundos de investimento, que têm maior flexibilidade para aportar recursos em organizações de menor porte. Voltaremos a esse ponto mais à frente.

Outro aspecto relevante é que, por se tratarem de organizações internacionais, determinados contratos podem ter que ser formalizados em fóruns do exterior, com parte da negociação, tendo que ser realizada em língua inglesa. Um lado positivo desse tipo de relacionamento é que o acesso a esse tipo de crédito pode funcionar como uma espécie de credencial para a organização tomadora de recursos, que passa a ser percebida no Brasil como tendo menor risco, por ser capaz de atender exigências de organizações internacionais.

2.3. ASPECTOS A CONSIDERAR NA CAPTAÇÃO DE RECURSOS VIA DÍVIDA

Depois de discutirmos as principais modalidades de captação via dívida, vale aprofundar o que o empreendedor precisa considerar na hora de buscar essa opção. Trataremos nesta seção de várias questões práticas relacionadas ao custo das operações e das exigências envolvidas. E, embora esse conteúdo possa parecer árido, compreendê-lo em alguma medida é essencial para que o empreendedor possa captar recursos com sucesso, a um custo compatível com o desenvolvimento do seu negócio.

---

[7] Das três áreas voltadas para o setor privado do BID, a mais focada nas pequenas e médias empresas é a Corporação Interamericana de Investimentos.

Nesse sentido, o primeiro aspecto a ter em mente é que o credor, qualquer que seja ele, sempre espera ter o seu capital de volta. Em geral, não faz muita diferença se a empresa vai bem ou mal, desde que ela honre a sua dívida. Ao contrário do empreendedor, vale a pena lembrar que o banco, assim como o coletor de impostos, não sente emoções e não está preocupado com o futuro do negócio.

A transação comercial em si é muito simples: o agente financeiro empresta o recurso e a empresa devolve esse recurso acrescido dos juros nas datas acertadas. Isso ocorre tanto nas linhas de crédito mais baratas quanto nas mais caras; tanto nas mais curtas quanto nas mais longas. E isso também se passa com linhas de crédito que tenham o propósito de promover o desenvolvimento ou com linhas completamente indiferentes a esse propósito.

Os demais aspectos desse tipo de negociação financeira objetivam garantir que essa transação simples aconteça nas datas previstas, nos volumes previstos e dentro das regras acordadas mutuamente. E, se tudo correr bem, o empreendedor e a organização financeira podem estabelecer uma relação financeira de longo prazo, com benefícios mútuos. Senão, ambos terão problemas e impactos indesejados em suas estruturas empresariais. Por uma questão de porte, os pequenos empreendimentos costumam sofrer impactos muito mais contundentes do que o banco, em caso de inadimplência.

O empreendedor deve perceber que a inadimplência, mesmo a temporária, tem custos para o negócio. Ela certamente será levada em conta quando a empresa vier a demandar novos recursos, mesmo que de outras organizações, tornando-os inacessíveis ou mais caros. Assim, é recomendável não recorrer à inadimplência, a não ser em casos extremos. Porém, se inevitável, o gestor deve escolher com muito cuidado quem deixará de pagar, de modo a minimizar os custos associados a essa inadimplência.

Vale notar também que, dependendo do tamanho da empresa, os produtos ofertados para ela no sistema bancário serão os padronizados, ou "de prateleira", discutidos anteriormente. Essas modalidades costumam ser um pouco mais engessadas, mas isso não significa a impossibilidade de negociação, principalmente em termos de taxas de serviço, juros, garantias, prazo e carência. Em tese, cada um deles pode ser alvo de negociação entre o empreendedor e o agente financeiro que está ofertando o crédito. E estes pontos impactarão o custo final total do financiamento. Detalharemos esses aspectos a seguir.

A. TAXA DE JUROS

As taxas de juros têm sido sistematicamente elevadas no país nas últimas décadas. Isso diz respeito, em grande medida, a aspectos macroeconômicos. Por isso mesmo, contrair dívida às taxas vigentes regularmente no Brasil exige um gerenciamento bastante cuidadoso (Box 2.6).

BOX: 2.6: CAPTAÇÃO DE DÍVIDA COM SEGURANÇA

Para um financiamento ser saudável para o negócio, a taxa de crescimento dessa organização tem que ser superior à taxa de juros do financiamento. A rigor, essa taxa de crescimento indica que a empresa terá capacidade de gerar o caixa que garantirá a sua capacidade de pagar o financiamento no futuro.

Outra maneira de abordar essa questão é considerar o empréstimo saudável como sendo aquele em que a taxa de lucro da empresa, antes de pagar juros e impostos (Ebida), precisa ser maior do que a taxa de juros do financiamento. Caso isso não se verifique, a cada minuto o custo do financiamento corroerá a capacidade de pagamento futuro e a saúde financeira dessa empresa.

Vale notar que, apesar de genericamente elevadas, as taxas praticadas em um empréstimo ou financiamento podem variar substancialmente, dependendo da linha de crédito e do agente financeiro em questão. Os aspectos que mais frequentemente influenciam essa variação são os seguintes:

- **O custo de captação de quem está emprestando**. *Bancos tomam dinheiro emprestado no âmbito do próprio sistema financeiro, por exemplo, através de CDBs e outros produtos do gênero. Esse custo é dado pela curva de juros futuros, métrica que flutua diariamente, mas que é fundamentalmente influenciada pela taxa SELIC, taxa de juros do Banco Central, definida nas reuniões periódicas do COPOM (Comitê de Política Monetária), que atualmente ocorrem de 45 em 45 dias, aproximadamente. Mas existem bancos que captam recursos de modo subsidiado — como é o caso do BNDES —, o que os permite oferecer recursos com taxas de juros mais baixas;*

- **O *spread* bancário**. *Essa é a diferença entre a taxa do empréstimo para o tomador e a taxa de captação do agente financeiro no mercado. Cada organização financeira define sua política para a gestão desse spread, mas ele é, em geral, formado por quatro elementos distintos:*

  1. *Os custos para quem empresta de operacionalizar o crédito;*

  2. *Os custos dos impostos, como o imposto sobre operações financeiras (IOF);*

  3. *O risco de inadimplência do cliente versus as garantias oferecidas por ele;*

  4. *A margem de lucro pretendida por quem empresta.*

Vale notar que a única variável mais ou menos sob o controle do empreendedor é aquela relacionada ao risco de inadimplência e à oferta de garantias. O histórico de crédito do empreendedor conta nessa hora e pode fazer a diferença entre acessar ou não acessar recursos (ou captá-los a um custo mais alto).

B. TAXAS DE SERVIÇO

As taxas de serviço são custos que a instituição financeira cobra normalmente para transacionar com seus clientes, como a taxa de abertura de crédito, a taxa de renovação de cadastro e afins. Embora possa parecer um detalhe irrelevante, estar atento ao tipo de custo é importante, pois, dependendo do modelo de cobrança, as taxas podem ter impacto importante para o custo do financiamento.

Quanto melhor o relacionamento com a instituição, maior a probabilidade do empreendedor eliminar ou reduzir essas taxas. Essa probabilidade será ainda maior se ele oferecer alguma contrapartida em termos de aquisição de outros serviços da instituição, tais como assinatura de contrato para realização de cobrança bancária, folha de pagamento, domicílio de cartão de crédito, etc.

Em outras palavras, até mesmo no caso de produtos padronizados, existe alguma margem de negociação. E, como nas operações financeiras, as taxas podem ser cumulativas, conseguir eliminar algumas pode reduzir o custo final do financiamento.

C. PRAZO PARA PAGAMENTO DE JUROS E AMORTIZAÇÃO

Os prazos praticados no mercado financeiro podem variar de agente para agente. Em geral, ao longo dos últimos anos, tais prazos foram se ampliando devido à estabilidade da economia, sendo cada vez mais comum a presença de prazos mais dilatados para algumas operações específicas (Box 2.7).

> **BOX 2.7: TIMING DO NEGÓCIO**
>
> A pressão que o pagamento da dívida imprime no fluxo de caixa das empresas torna a negociação dos prazos um aspecto muito relevante na questão do financiamento.
>
> O empreendedor precisa sempre buscar os prazos de financiamento mais adequados para o seu projeto. Isso significará tranquilidade no momento de devolver os recursos. Para tanto, é preciso estimar com realismo o tempo que o investimento levará para maturar, gerando caixa suficiente para viabilizar o pagamento das prestações e dos juros.

Vale notar que esses prazos flutuam ao longo dos ciclos econômicos. Nos momentos em que o ambiente econômico está mais tenso, mais imprevisível e sujeito a mudanças, os agentes reduzem os prazos das linhas de crédito. O contrário acontece quando há um clima de estabilidade e confiança no horizonte político e macroeconômico.

Em outras palavras, os prazos para concessão de créditos são influenciados pela política de gestão de portfólio e risco do agente. Entretanto, na média, podemos considerar os seguintes prazos em situações normais:

- **Recursos de curto prazo** – *até 360 dias;*
- **Recursos de médio prazo** – *entre 361 e 1440 dias;*
- **Recursos de longo prazo** – *acima de 1440 dias.*

As linhas de crédito também vão variar em termos de existência, ou não de carências para começar a pagar. É um ponto importante a ser considerado e negociado, sobretudo nos projetos de investimento, uma vez que o mais desejável é começar a pagar apenas depois que, por exemplo, os novos equipamentos adquiridos forem colocados em operação, gerando receita.

Vale acrescentar que um empreendedor iniciante, liderando uma *startup*, dificilmente será capaz de acessar linhas de longo prazo em bancos comerciais. Uma exceção pode ocorrer se ele oferecer uma estrutura de garantias forte, ancorada, por exemplo, em ativos de natureza pessoal. No entanto, nem sempre isso é possível. Discutiremos a questão das garantias a seguir.

D. GARANTIAS

Muitas operações financeiras, sobretudo as relacionadas a crédito, envolvem a oferta de garantias. Quando o empreendedor se defronta com esse tipo de demanda, cabe, em primeiro lugar, fazer algumas perguntas básicas: elas são realmente necessárias? Se sim, que tipo de garantias a linha de crédito em questão exige? Essas garantias são negociáveis, ou inegociáveis?

Garantias podem ser exigidas diretamente a partir de ativos existentes no próprio negócio, ou o empreendedor pode ser chamado, como pessoa física, a apresentar solidariamente garantias da operação em questão, tendo por base seus ativos pessoais. É comum, por exemplo, um banco disponibilizar uma linha de capital de giro para uma dada organização, desde que um sócio dessa organização tenha uma aplicação nesse banco (como um CDB, por exemplo) que possa ser usada como garantia da operação em questão. Nesse caso, o empreendedor funciona como "avalista" do negócio, podendo ser executado caso a empresa se torne inadimplente. Detalharemos esses aspectos a seguir:

- **Garantias reais:**
    1. Hipoteca de imóveis;
    2. Alienação fiduciária de carros, máquinas e equipamentos;
    3. Trava de recebíveis (como cartão de crédito, ou cobrança registrada de títulos emitidos pelo banco, por exemplo);
- **Garantias fidejussórias:**
    1. Aval;
    2. Fiança;
    3. Nota promissória.

Muitos agentes financeiros gostam de usar como garantias (totais ou parciais) recebíveis da empresa tomadora de recursos. Quem tem uma operação em que cartões de crédito são aceitos como meio de pagamento, por exemplo, pode usar os recebíveis do cartão de crédito para garantir um empréstimo. Trata-se de uma operação simples e fácil de usar — até mesmo para um pequeno empreendedor. Nesse caso, há que se comparar o que é mais barato: usar os recebíveis como garantia e reduzir a taxa do financiamento com o agente financeiro, ou realizar essa antecipação com o próprio operador do cartão de crédito.

E. CONTRAPARTIDA OU RECIPROCIDADE

As contrapartidas são serviços bancários de qualquer tipo contratados por uma empresa e que podem ser considerados como uma vantagem adicional para o cliente no momento de uma negociação. Trata-se, por exemplo, de serviços de gestão da folha de pagamento, cobrança bancária, domicílio de cartão de crédito e débito, seguros, previdência privada, etc. Os bancos valorizam esse tipo de relacionamento (definido por eles como reciprocidade). Quanto mais intenso e maior for o volume de negócios, maiores as chances do empreendedor conseguir negociar melhores condições de linhas de crédito em termos de taxas, garantias e prazos.

Para conseguir reunir contrapartidas, pequenas empresas costumam concentrar todos os serviços contratados em um único banco. Isso pode ser fonte de vantagens para o cliente, mas é preciso estar atento aos benefícios que efetivamente são oferecidos em troca dessa preferência. O gestor deve ficar atento e buscar se informar sobre como cada banco trabalha e, principalmente, quando for negociar uma linha de crédito, tentar estimar o valor que a instituição financeira está disposta a atribuir a essa reciprocidade.

F. IMPACTO

Quando uma empresa está buscando captar recursos de um banco de desenvolvimento ou de um organismo multilateral, aspectos relacionados ao impacto social e ambiental do projeto provavelmente serão analisados e considerados. Trata-se de uma dimensão adicional às outras dimensões de crédito, discutidas anteriormente, que também são relevantes para esses agentes.

Esse tipo de organização vai indagar até que ponto o projeto em tela é gerador de empregos e renda e em que volume e proporção, por exemplo. Indagará se o projeto tem o potencial de influenciar positivamente a evolução de algum setor com alguma inovação. Buscará compreender se a empresa em questão acarreta impacto ambiental ou social para a comunidade do entorno, ou não.

O diálogo com esse perfil de agente exige um mergulho mais profundo e detalhado sobre os tipos de impacto gerados pelo negócio e as expectativas relacionadas à amplitude dos mesmos. Esse não é necessariamente um exercício problemático ou desnecessário. Na verdade, realizá-lo pode contribuir para o empreendedor compreender melhor o contexto em que atua e as características do seu público-alvo.

G. *COVENANTS* (ACORDO)

As linhas de financiamento de algumas instituições — principalmente os bancos de desenvolvimento e os organismos multilaterais que ofertam crédito a prazos mais longos — adotam determinadas condições antecipadamente combinadas e incluídas em cláusulas do contrato. São os chamados *covenants*. Eles definem como deve ser o comportamento de alguns indicadores financeiros (ou de impacto) do tomador de recursos durante a vigência do contrato de crédito.

Normalmente são cláusulas restritivas através das quais o credor deseja "garantir" que o risco de crédito do tomador não vá sofrer grandes variações nesse período. É uma forma da instituição que está emprestando, dado o prazo mais longo do crédito, gerar mais segurança para a relação. Um exemplo típico são as cláusulas que estabelecem limites ao montante de endividamento em relação ao ativo ou ao patrimônio líquido da empresa. Através delas, o emprestador quer garantir que a organização tomadora de recursos não se endividará demais, comprometendo assim a sua capacidade de pagamento.

Esse é um ponto que requer atenção redobrada, pois, ao assinar um contrato que contenha esse tipo de restrição, o empreendedor estará se comprometendo a cumprir essa cláusula, sob o risco de vencimento antecipado do crédito. Logo, é muito bem-vinda uma avaliação mais profunda do custo e do benefício desse tipo de opção e de como esse tipo de acordo pode influenciar o futuro do negócio. As perguntas mais comuns nesse caso são as seguintes: a demanda do emprestador faz sentido para a minha operação? O indicador proposto é alcançável, ou gera pressão excessiva na operação?

Enfim, o gestor deve usar seu conhecimento do negócio para que, havendo esse tipo de cláusula, ela seja cumprida com tranquilidade. Vale notar que a adoção de indicadores, nesse caso, está diretamente relacionada ao tema de *compliance*, discutido a seguir. A cláusula só poderá ser monitorada pela organização bancária se os dados fornecidos forem adequados. Detalharemos esse aspecto a seguir.

H. CONFORMIDADE DE INFORMAÇÕES E PROCESSOS – COMPLIANCE

O chamado *compliance* diz respeito às obrigações do empreendedor oferecer (para o agente financeiro) informações sobre a empresa conforme acordado previamente. Referimo-nos aqui à existência de informações atualizadas, organizadas de modo adequado, com um fluxo adequado de processos de coleta, registro, análise e arquivamento. Isso vale para informações de natureza contábil, fiscal, financeira, comercial, ou outras. Não importa.

Os dados gerados por um negócio são as pegadas da sua história. Se elas não ficam registradas de forma a poderem ser acessadas velozmente e entendidas com clareza, a história dessa organização poderá ser contada, mas não será baseada em evidências robustas. Nesse caso, valerá apenas a palavra e a opinião do empreendedor e de seus colaboradores.

Quando se trata de acessar recursos, uma estrutura de *compliance* bem montada pode vir a ser um ativo valioso e decisivo. O mínimo que a empresa deve ter são demonstrações financeiras como balanço, demonstrativos de resultados, fluxo de caixa e todas as certidões negativas que fizerem sentido para a natureza do seu negócio (Receita Federal, INSS, FGTS, ICMS, ISS). Ou seja, estamos falando de controles gerenciais, financeiros, fiscais e trabalhistas.

Os empreendedores raramente dão atenção a essas questões. Ainda mais quando o empreendimento encontra-se em estágio inicial e a "prioridade" é fazer o projeto decolar. No entanto, aqui vale o pensamento estratégico. Um empreendedor colherá frutos e deixará impressões positivas em seus interlocutores se conseguir demonstrar seus argumentos, baseando-os em dados de boa qualidade — o que só é possível se houver cuidado na forma como os dados são coletados e registrados (Box 2.8).

BOX 2.8: COMPLIANCE

O empreendedor não deve ver esse tipo de demanda apenas como uma exigência burocrática: deve encará-la como uma oportunidade de aperfeiçoar os seus processos de gestão.

Algumas operações de maior volume e prazo, principalmente aquelas com os bancos de desenvolvimento e os organismos multilaterais, embutem uma cláusula contratual que define datas específicas em que deverão ser apresentadas informações atualizadas sobre a empresa. O gestor deve estar atento a esse ponto, pois significará que, após assinar o contrato, ainda haverá a necessidade de alguém na organização gerenciar essa prestação de contas e atender às exigências contratuais, sob o risco do contrato ser considerado vencido de forma antecipada.

I. VOLUME

Como o nome diz, o volume refere-se ao montante de recursos que a organização precisa captar, versus o limite de crédito disponível junto a um dado agente financeiro. Em geral, esse volume cresce à medida que o relacionamento (e a reciprocidade) com esse agente vai se ampliando.

Mesmo nos momentos em que a empresa tem recursos em caixa, o empreendedor deve ficar atento para as possibilidades de ampliar os volumes pré-aprovados em linhas disponíveis, pois será muito mais difícil fazer isso em momentos de estresse do caixa da organização. Não raro, empreendedores tentam buscar mais recursos apenas quando se encontram muito endividados, ampliando a percepção de risco do agente financeiro em relação à sua empresa.

Nesse sentido, garantir linhas com volumes maiores requer um trabalho sistemático e ativo, onde o gestor deve direcionar sua atenção a conhecer melhor e dar-se a conhecer por esse agente. A rigor, não há nenhum prejuízo em ter uma linha de crédito robusta à disposição no banco, mesmo quando a empresa não precisa de recursos no momento. Eles podem ser muito necessários no futuro.

Além disso, uma ação ativa de prospecção e relacionamento com agentes financeiros poderá gerar uma avaliação de risco de maior qualidade para a empresa. Na prática, isso trará impactos positivos para a organização em termos dos limites de crédito oferecidos, bem como em termos de prazos mais longos e taxas menores.

J. CUSTO TOTAL DA TRANSAÇÃO

Estabelecidos todos os parâmetros do negócio, cabe finalmente estimar o verdadeiro custo do negócio. E, para a surpresa de muitos empreendedores, o custo final de uma operação não é apenas a taxa de juros pactuada. Operações financeiras podem ter custos muito mais elevados do que a taxa informada, uma vez que diversos outros custos podem incidir sobre o negócio.

A rigor, trata-se de uma dimensão regulada pelo Banco Central, obrigando as instituições a informar o chamado custo efetivo total (CET). No entanto, esses custos — tal como informados pelos bancos — podem ignorar custos internos à organização, como o tempo dedicado por um funcionário, por exemplo, para gerenciar essa operação financeira. De fato, do lado da empresa, para se chegar ao custo total de uma operação, é preciso incluir todos os custos relevantes, inclusive alguns que o agente financeiro não considera:

- *Custo das taxas de serviços;*
- *Custo com impostos como o IOF (imposto sobre operações financeiras);*
- *Custo na aquisição de garantias, se for o caso (uma carta fiança, por exemplo, tem custo);*
- *Custo operacional interno à organização — a necessidade de alguém na equipe da empresa se dedicar à operação e ao seu compliance.*

Em outras palavras, todas essas dimensões indicam que uma determinada operação pode acabar tendo um custo mais elevado do que o imaginado inicialmente. E a escala pode fazer diferença. Quando incluímos os custos operacionais nessa equação, pode ser mais econômico, caso seja possível para o empreendedor, contratar um financiamento maior em um único agente financeiro do que pulverizá-lo entre diversos agentes, o que ampliaria o tempo necessário para negociação e acompanhamento desses negócios.

K. SÍNTESE DOS ASPECTOS A CONSIDERAR NA CAPTAÇÃO DE DÍVIDA

Todos os aspectos discutidos anteriormente contam quando se trata de obter recursos de modo saudável e barato para uma organização. Quanto maior a possibilidade de negociar as condições do empréstimo ou financiamento — em termos de taxas, juros, prazos e garantias —, maiores as chances do empreendedor obter boas condições em uma linha de crédito a ser contraída. Esse gestor também obterá mais tranquilidade na administração desse compromisso ao longo do tempo, com menor pressão sobre o caixa nos momentos de pagamento de juros e amortizações.

E, claro, o empreendedor deve ser pragmático no seu relacionamento com seu agente financeiro. Se ocorrer algum problema de relacionamento, ou se houver uma oferta de crédito mais interessante, ele deve considerar as alternativas. Hoje, a legislação prevê a portabilidade do crédito, o que permite que uma dívida seja transferida de um banco para outro sem penalizar o tomador.

Por fim, como discutido anteriormente, é importante levar em conta o tempo de estruturação das operações de crédito. Quanto mais bem planejado for o *timing* de solicitação, mais sereno será o processo de negociação e amadurecimento da decisão. A pressa pode custar muito caro nesse caso.

2.4. A CAPTAÇÃO

Antes de buscar recursos mais vultosos, o empreendedor precisa planejar e se organizar. Nesse sentido, a primeira etapa do processo diz respeito à definição estratégica do plano de captação. E isso deve ser feito antes de se falar com os agentes financeiros.

Trata-se da ação antecipada do empreendedor, buscando definir com clareza por que captar recursos e como empregá-los, bem como escolhendo o tipo de recurso a ser captado e identificando os alvos preferenciais para sua abordagem. Refere-se, em síntese, à definição dos elementos centrais da estratégia de crescimento do negócio, incluindo um entendimento sobre o papel da captação de recursos nesse processo.

A rigor, o tema de definição estratégica é abordado ao longo de todo o livro. Para os leitores que desejam se aprofundar no tema, sugerimos que releiam os Capítulos 1 e 2. Detalharemos a seguir alguns aspectos centrais de uma captação bem-sucedida.

A. ELABORAÇÃO DO PROJETO DE CAPTAÇÃO

A próxima etapa do processo diz respeito à elaboração do chamado projeto de captação de recursos. A rigor, esse documento nada mais é do que um plano de negócios atualizado para o momento específico em que a empresa vive, especificando claramente todos os aspectos relacionados ao processo de captação.

Esse documento conterá informações detalhadas sobre a empresa tomadora de crédito. Em linhas gerais, ele descreverá o seu modelo de negócios e a estratégia principal da empresa. Oferecerá também uma descrição da equipe (incluindo detalhes sobre a experiência e capacitação dos membros chave), características da operação, público-alvo do negócio e principais clientes.

Em suma, esse documento trará toda a informação básica sobre a empresa que um eventual credor precisará saber. Na próxima seção, apresentaremos em detalhes os principais pontos a serem considerados na elaboração desse documento.

Vale dizer aqui que, ao iniciar os seus contatos com os potenciais credores, aspectos básicos de etiqueta e relacionamento social podem auxiliar o processo. Não é necessário que um empreendedor jovem, líder de uma *startup*, por exemplo, vista-se como um banqueiro, com terno e gravata. Isso passaria uma imagem falsa e inadequada. No entanto, aspectos básicos de civilidade e cordialidade aproximam os interlocutores e facilitam a aproximação.

Dependendo da operação em questão (especialmente se for mais volumosa) — e da forma como os comitês de crédito estão organizados dentro de um banco de fomento, por exemplo —, a empresa pode vir a receber a visita técnica de agentes dessa organização, ou de seus consultores. Nessa etapa, eles servirão para assegurar que a proposta tem aderência aos interesses da organização e orientar o comitê em questão a seguir ou não com o processo de negociação.

B. DILIGÊNCIA (*DUE DILIGENCE*)

Em operações de maior porte, o processo envolverá a contratação de uma diligência, ou uma auditoria detalhada da empresa a receber o crédito. De fato, depois de assinados os termos anteriores, o agente financeiro proporá a realização dessa auditoria da empresa para ter certeza que os elementos apresentados no projeto de captação são fidedignos e consistentes.[8]

Dependendo do porte da empresa e do agente financeiro em questão, podem ser demandadas informações das áreas fiscal,

---

[8] Um modelo básico de *due diligence* é apresentado no Anexo 2.

tributária, trabalhista, contábil, financeira e operacional, bem como dos demais aspectos que tenham sido acordados para a conclusão do negócio.

Nessa etapa, as informações disponibilizadas pelo empreendedor e analisadas pelo agente financeiro também servirão para uma nova validação das premissas apresentadas no projeto de captação. Os resultados dessa *due diligence* podem implicar uma segunda rodada de negociação, sobretudo se forem encontrados passivos não informados no projeto de captação ou até mesmo não detectados pelo empreendedor anteriormente.

C. CONTRATO DE EMPRÉSTIMO

Caso não exista a *due diligence,* ou caso a etapa da *due diligence* seja bem-sucedida, não trazendo nenhuma informação nova que alarme os credores e impeça a realização do negócio, a última etapa do processo será a celebração do Contrato de Empréstimo. Esse contrato será elaborado buscando detalhar todas as regras do negócio. Esse é o documento final a ser assinado entre as partes e, no caso de volumes elevados, para empresas já mais estruturadas, é desejável que conte com o apoio de uma assessoria jurídica específica, caso não conte com esse tipo de serviço internamente.

D. O "PÓS-CAPTAÇÃO"

Por fim, vale lembrar que, em qualquer captação, uma estrutura de *compliance,* mesmo que mínima, será necessária. Essa estrutura deve garantir que as informações pactuadas em contrato com o agente financeiro sejam atendidas em qualidade e prazo.

O gestor da empresa precisará alocar um profissional para se dedicar a essa tarefa.

Desgastes desnecessários podem surgir no momento posterior à captação, por conta de atitudes imaturas do empreendedor ou de sua equipe, não entregando com presteza, por exemplo, as informações acordadas mutuamente em contrato. Isso tende a ocorrer quando entendem que, após o ingresso dos recursos, esse tema já não é tão prioritário, não sendo tão necessário atender rapidamente o agente financeiro.

No entanto, vale lembrar que uma relação de confiança tende a se estender no longo prazo. É importante ter isso em mente. O empreendedor deve dar atenção a todos os pontos acordados com o agente financeiro após o ingresso dos recursos, bem como manter uma atitude atenciosa e cordial. É importante fortalecer a relação de confiança. Isso poderá abrir outras oportunidades mais à frente.

2.5. PRÓXIMOS PASSOS

Depois de entender as fontes de recursos e os principais aspectos a considerar quando da captação via dívida, o empreendedor terá que se informar sobre os vários passos a seguir para que possa buscar recursos desse tipo. Apresentaremos, no Capítulo 3, um roteiro genérico para a elaboração de um plano de captação de recursos via *equity* que poderá ser adaptado e customizado de acordo com as demandas predefinidas pelo agente financeiro que o empreendedor contatará para a captação de dívidas.[9]

---

[9] Por exemplo, o BNDES disponibiliza em seu site os modelos para requisição dos diversos financiamentos ofertados, assim como a própria estrutura de planilhas que devem ser utilizadas para apresentar os orçamentos e projeções requeridos.

CAPÍTULO 3

Acesso a Investimento (*Equity*)

De forma muito simples, as operações de investimento, ou *equity* no jargão do mercado financeiro, podem ser definidas como aquelas em que alguém aloca novos recursos em uma empresa já existente e recebe em troca participação acionária. Isso significa que, diferentemente da dívida, o novo investidor terá poucas garantias do retorno do investimento e correrá o risco do negócio ter ou não sucesso, de forma solidária ao empreendedor.

Como qualquer sócio, esse investidor só terá retorno efetivo desse investimento caso a empresa dê lucro regularmente, ou caso essa participação acionária venha a ser vendida para terceiros no futuro. Por isso mesmo, essa modalidade de investimento também é denominada de "capital de risco".

Dependendo do estágio de desenvolvimento da empresa, existem diferentes perfis de investidores a serem acessados. Conforme comentamos, o estágio de vida do negócio, ou o seu ciclo de desenvolvimento, é um aspecto essencial do ponto de vista da seleção de alternativas para a captação de recursos. Apresentamos no quadro 3.1, a seguir, uma associação entre o estágio do negócio e o tipo de investidor mais provável.

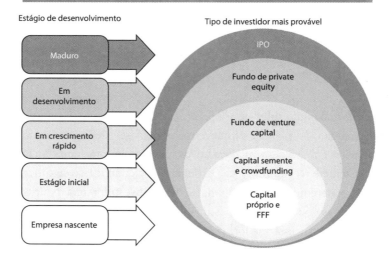

QUADRO 3.1: CICLOS IDEAIS DE APORTE DE CAPITAL SEGUNDO O ESTÁGIO DE DESENVOLVIMENTO DE UMA EMPRESA

Para as empresas embrionárias ou em estágio inicial, as oportunidades tendem a ser relativamente limitadas. Estamos falando aqui de capital próprio ou obtido na rede familiar. Existem também opções junto aos chamados investidores anjo ou no âmbito do *crowdfunding*, mas essas oportunidades são mais restritas.

Para as organizações que já ultrapassaram essa primeira fase e têm um projeto minimamente consolidado, outras oportunidades podem ser abertas. Essas são, em geral, organizações em crescimento rápido, que tendem a se beneficiar de modo muito significativo de um aporte mais substancial de recursos. Para esse grupo, existem os fundos de *venture capital*.

Como aprofundaremos a seguir, esses são fundos que se dedicam a negócios arriscados, mas com alto potencial de crescimento. Essas organizações costumam fazer aportes estratégicos de recursos — voltados para investimentos na expansão da operação —, que visam a alavancar rapidamente o crescimento do negócio. Em geral, são fundos que também podem trazer contribuições significativas em termos de melhoria da gestão do negócio, bem como acesso a um *network* de novos clientes e parceiros para o negócio.

Finalmente, para empresas em desenvolvimento mais consolidadas, existem os fundos de *private equity*. Nessa etapa, as empresas investidas já comprovaram a sua capacidade e têm um fluxo de caixa positivo. O investimento desse tipo é, em geral, destinado a consolidar sua posição no mercado, viabilizando a expansão do negócio para outras regiões ou a aquisição de negócios concorrentes ou complementares.

Os fundos de *private equity* costumam ser muito seletivos e criteriosos na sua estratégia de investimento, pois tem por objetivo final que a empresa investida venha a acessar o mercado de capitais. Nessa fase, é comum a exigência de uma gestão profissionalizada na organização investida, bem como a adoção de práticas gerenciais e de *compliance* comparáveis as melhores práticas do mercado.

O quadro apresentado anteriormente descreve um modelo ideal, que pode levar muitos anos para se verificar no caso de uma única organização. Na prática, são raras as organizações que cumprem toda essa trajetória, recebendo investimentos de todos esses agentes. A mortalidade de empresas nas fases iniciais é elevada e, quando isso não ocorre, a probabilidade de que recebam investimentos é relativamente baixa, sendo que a maior parte delas precisará contar apenas com recursos próprios ou com emprestimos bancários para crescer. Além disso, pode também ocorrer da empresa ser adquirida por uma organização maior ao longo do seu ciclo de desenvolvimento.

De todo modo, esse modelo é útil para que o leitor compreenda que cada tipo de capital de risco busca cumprir um papel diferenciado no processo de desenvolvimento empresarial. Claro, o empreendedor de um dado negócio é que decidirá o melhor para sua organização a cada momento. Ele é que poderá escolher o tipo de investimento que gostaria ou aceitaria receber nos diferentes estágios de desenvolvimento em que sua empresa se encontra.

Detalharemos a seguir diferentes tipos de fontes para financiamento via *equity*. Mais à frente, detalharemos o que o empreendedor tem que ter em mente na hora de acessar essa modalidade de capital, bem como apresentaremos os principais passos do processo de captação.

3.1. PRINCIPAIS FONTES DE INVESTIMENTO (*EQUITY*)

Discutiremos nesta seção as principais fontes de recursos disponíveis no formato de *equity*. Assim como no caso da dívida, discutido no capítulo anterior, essas fontes também são muito diversificadas, com novas oportunidades emergindo no processo de inovação do setor financeiro. Detalharemos essas modalidades a seguir. Iniciaremos pelas mais simples em termos de captação (como o recurso próprio), indo até as modalidades mais complexas de captação.

A. CAPITAL PRÓPRIO – *BOOTSTRAP*

O tipo mais comum de capital de risco em qualquer organização iniciante é o disponibilizado pelo próprio empreendedor ou pela geração de caixa inicial da empresa. A rigor, o conceito de *bootstrap* é mais aplicado para o caso em que o próprio investidor financia o seu negócio em seu estágio inicial (Box 3.1).

> **BOX 3.1: O CAPITAL PRÓPRIO**
>
> Quando o empreendedor utiliza capital próprio para financiar o início de um empreendimento, ele precisa considerar, além dos recursos investidos, o tempo que dedicará à empresa antes de poder começar a fazer retiradas da empresa investida. Em outras palavras, quando um empreendedor, além de colocar recursos, aloca um volume significativo de tempo em um novo negócio, ele deve ter certeza de que terá fôlego financeiro no âmbito doméstico para passar um período significativo de tempo sem fazer retiradas desse negócio.

Ele pode usar a poupança, desaplicar investimentos e colocar no negócio, ou ainda vender seu imóvel ou carro para começar a viabilizar seu projeto. Essa é a forma da maioria dos negócios começarem. No entanto, nem sempre essa é uma decisão simples. O uso de recursos acumulados para a aposentadoria, por exemplo, pode levar a situações de vida muito complexas a longo prazo, sobretudo quando os riscos envolvidos não são adequadamente administrados.

Em outras palavras, é muito importante o empreendedor saber qual é o ponto de equilíbrio entre consumir recursos próprios para aplicar no seu negócio e pensar na sua segurança futura. Essa é uma decisão de foro íntimo, relacionada à situação econômica familiar e à confiança do empreendedor em seu projeto e em sua capacidade empreendedora.

Vale notar, porém, que parte dessa decisão também será influenciada pela projeção (ou percepção) do fluxo de caixa do negócio em seu período inicial e sobre a possibilidade, ou não, desse empreendedor poder realizar retiradas desde o início, de modo a cobrir suas despesas pessoais mesmo que parcialmente. Nessa etapa, fazer orçamentos e estimativas realistas, deixando folga para ajustes de percurso eventualmente necessários, é uma das maneiras de poder avançar com relativa segurança.

B. FAMÍLIA, AMIGOS E FÃS – *FAMILY, FRIENDS & FANS* (FFF) – *EQUITY*

Assim como no caso da dívida, discutido anteriormente, a rede de relacionamentos do empreendedor também pode ser mobilizada para aportar recursos na empresa na forma de investimento. Neste caso, esse investidor concordou em colocar recursos e não espera receber o dinheiro de volta no prazo combinado, mas sim receber uma participação no negócio, tornando-se sócio. Só sairá do empreendimento no caso de um evento de liquidez, como a aquisição da empresa por parte de outra organização, por exemplo.

É muito comum vermos pais investindo em negócios de seus filhos, ou maridos em atividades desenvolvidas por suas esposas. Vale notar que situações de estresse familiar, como divórcios ou falecimentos, podem trazer problemas muito significativos para a sociedade em questão, caso a estrutura de governança não tenha sido estabelecida de modo claro. Assim como no caso dos empréstimos no âmbito familiar, a formalização contratual desse investimento e os critérios adotados para a governança dentro da organização são importantes para assegurar que a sociedade evolua de forma sadia (Box 3.2).

> **BOX 3.2: FFF – CUIDADOS A SEREM CONSIDERADOS**
>
> Como qualquer investimento, o FFF tem que ser tratado com bastante critério pelas partes envolvidas:
>
> - *O empreendedor deve avaliar adequadamente os riscos que o negócio pode trazer para a família ou os amigos em caso de inadimplência ou falência;*
> - *Deve também refletir sobre as implicações societárias de eventuais acontecimentos familiares, tais como falecimentos ou divórcios. Vale notar que, em certos casos, são utilizadas cláusulas contratuais específicas, que visam a minimizar os efeitos de eventos familiares.*

Essa opção tem implicações importantes, que devem ser sempre avaliadas adequadamente pelos participantes do processo. Nesse caso, o familiar ou amigo que se torna investidor passa a correr riscos societários típicos do próprio dono do negócio. Estamos falando não apenas dos riscos relacionados à perda dos recursos investidos, mas também daqueles relacionados à eventual crise ou falência do negócio, que pode levar ao acúmulo de passivos de diferentes tipos, nem sempre previstos no momento do investimento. E, na prática, podem existir passivos de diferentes naturezas, tais como trabalhistas, ambientais, fiscais e creditícios.

Em vista desses elementos, uma forma comum de familiares se protegerem desse tipo de risco é transferindo recursos diretamente para o empreendedor como pessoa física, fazendo assim um investimento indireto no negócio. Vale lembrar que, se essa operação tiver caráter informal (como muitas vezes ocorre), o eventual investidor terá poucas garantias reais de que será tratado efetivamente como sócio, caso o projeto venha a ter sucesso.

Uma exceção relevante, discutida no capítulo anterior, é a figura do empréstimo conversível em ações. Essa modalidade pode ser interessante pois, em caso de fracasso do negócio, o investidor perderá apenas o recurso investido, sem incorrer nos demais riscos societários. Em caso de sucesso, terá o direito de converter esse investimento em ações a um preço pré-determinado — podendo assim tornar-se sócio no momento que julgar mais seguro do ponto de vista societário.

C. FINANCIAMENTO COLETIVO (*EQUITY*) – *CROWDFUNDING*

O *crowdfunding equity* parte do mesmo princípio discutido anteriormente para o caso da dívida. Trata-se da captação de investimento no âmbito de um grande grupo de microinvestidores, normalmente mobilizados através da internet. A diferença em relação ao *crowdfunding* dívida é que, na modalidade investimento, o participante não recebe o dinheiro de volta, mas sim uma participação no negócio, como sócio.

É um conceito recente e em formação no Brasil, mas já em expansão no exterior, principalmente na Inglaterra, em alguns países da Europa e nos Estados Unidos. Na maioria dos casos, o dinheiro é mobilizado para o desenvolvimento de projetos específicos— como o desenvolvimento de um novo equipamento ou tecnologia—, sendo que a qualidade e a atratividade do projeto em questão são decisivas para viabilizar o investimento.

Vale notar que a maior parte dessas plataformas adota uma estratégia onde os recursos só são liberados para o proponente do projeto, caso um determinado valor predefinido (e justificado pelos proponentes) seja atingido, dentro de um certo prazo de captação definido pelo site. Isso garante ao investidor que o projeto proposto será inteiramente financiado, fazendo com o que o investidor não corra riscos isoladamente em um projeto com estrutura de captação incompleta.

A maior parte dos investidores nessa modalidade alocam volumes muito limitados de recursos em cada projeto, diluindo seu risco. Por se tratar de um tipo de captação de recursos muito recente, ainda podem existir questões legais relacionadas à garantia dos direitos do investidor no caso de sucesso do projeto, ou de risco para o investidor no caso de fracasso. Por essa razão, muitos ainda tratam essa modalidade de investimento como uma doação para um projeto que consideram meritório, mas não necessariamente como um investimento financeiro com séria expectativa de retorno.

D. CAPITAL SEMENTE – *SEED CAPITAL*

O capital semente é aquele constituído por recursos de terceiros destinados a apoiar uma empresa em seu estágio embrionário. Em alguns casos, o projeto em questão é apenas um conceito ou um modelo de negócios preliminar e esses recursos contribuem para que o primeiro protótipo do produto ou serviço em questão venha a ser desenvolvido. Em outros, já se trata de uma empresa constituída, mas que se encontra em estágio pré-operacional. Esse tipo de recurso pode vir associado a outras formas de apoio, como capacitações e apoio técnico de diferentes tipos.

As principais formas de oferta de capital semente são as incubadoras, as aceleradoras e os chamados investidores anjo. Vale notar que, não raro, esses atores fazem parte de um mesmo ecossistema e comunicam-se frequentemente entre si, buscando identificar não apenas bons projetos, mas também aqueles investidores que têm o perfil mais adequado para acompanhar e/ou investir em um dado empreendimento. Por exemplo, é comum investidores anjo funcionarem como mentores, ou terem assento no conselho das aceleradoras. Dessa forma, eles também podem atuar na prospecção de negócios a serem diretamente investidos por eles. Oferecemos a seguir mais informações sobre esse tipo de organização.

1. INCUBADORAS

Para as empresas iniciantes, as incubadoras costumam ser uma das opções mais acessadas, sobretudo no caso de projetos de base tecnológica, incubados no interior de universidades e centros de pesquisa. Nesse caso, o projeto ou empresa em constituição pode receber recursos financeiros na forma de investimento, além de apoio operacional, "mentoria" e apoio à constituição de *network*.

O mais comum no caso de incubadoras é que vários projetos ou empresas possam compartilhar a mesma infraestrutura de apoio, o que permite diluir custos operacionais importantes. Além das instalações físicas propriamente ditas, podem ser compartilhados custos administrativos e contábeis, por exemplo, tornando a operação mais barata em seus estágios iniciais. Outra vantagem percebida no compartilhamento de infraestrutura diz respeito à troca de informações e experiências entre os empreendedores, o que tende a acelerar o aprendizado e a identificação de oportunidades comerciais.

Algumas incubadoras são "remuneradas" na forma de participação societária, mas outras modalidades de atuação — inclusive a fundo perdido — podem existir. Existem incubadoras de diferentes naturezas, sendo que parte delas não têm fins lucrativos ou são operadas por organizações públicas, como universidades e centros de pesquisa.

De forma crescente, o modelo de incubadora também tem sido adotado por empresas de grande porte — especialmente as da área de tecnologia — que tem interesse em desenvolver um ecossistema de negócios que tenha sinergia com sua plataforma operacional. Isso pode ocorrer tanto em cooperação com alguma organização social quanto em parceria com a universidade ou com agências governamentais. Por exemplo, o programa federal *Startup* Brasil repassa recursos para empresas iniciantes de base tecnológica, desde que essas venham a ser aceleradas por incubadoras ou aceleradoras vinculadas ao programa.[1]

2. ACELERADORAS

As aceleradoras são uma variação do modelo de incubadoras, mas sem a lógica de compartilhamento do espaço. O projeto ou empresa em constituição pode receber recursos financeiros e "mentoria" de diferentes tipos, buscando o desenvolvimento do gestor à frente do negócio. Além disso, a aceleradora atua buscando dar visibilidade ao projeto, mobilizando seus contatos para esse fim (Box 3.3).

BOX 3.3: A ATUAÇÃO DAS ACELERADORAS

As aceleradoras buscam segmentar o mercado de acordo com a natureza do setor em que a organização acelerada atua. Assim, existem aceleradoras mais afins ao setor de tecnologia, educação, saúde, impacto social, etc.

É importante entender o perfil da aceleradora onde se busca apoio para saber se ela possui a *expertise* necessária para gerar valor para o seu negócio.

Alguns processos seletivos podem ser bem concorridos. Se for importante, prepare-se para participar. Um bom projeto pode produzir um grande diferencial.

---

[1] Veja: http://www.startupbrasil.org.br/

Nem sempre as aceleradoras aportam recursos financeiros no negócio acelerado. No entanto, isso pode acontecer para alguns dos projetos apoiados, especialmente aqueles percebidos como mais aderentes aos seus objetivos institucionais (como geração de impacto social, por exemplo).

De todo modo, raramente as aceleradoras vão aportar mais do que 200 mil reais em um único projeto. É também possível que essa aceleradora possa funcionar como intermediária para facilitar o engajamento de alguma organização parceira (como um fundo de maior porte) ou de um investidor anjo que pretenda alocar seletivamente uma pequena fração do seu capital como semente em determinados negócios.

A remuneração da aceleradora — quando existente — costuma acontecer na forma de participação no capital da acelerada, podendo ser utilizados diferentes modelos de participação societária nesse caso. Quando se trata de organizações sem fins lucrativos, elas também podem ser financiadas por doações realizadas por grandes empresas, por fundações ou pelo governo.

3. INVESTIDORES ANJO – *ANGEL CAPITAL*

Os chamados anjos são, normalmente, pessoas físicas com alto poder aquisitivo e experiência em negócios que entram como investidores em negócios em seu estágio inicial, aportando recursos financeiros e cooperando com o empreendedor no desenvolvimento do seu modelo de negócio. Trata-se de uma prática que pode agregar valor elevado ao empreendimento, dependendo do perfil do anjo e do grau de qualidade do relacionamento entre o empreendedor e esse apoiador.

É comum um grupo de anjos investir em um mesmo projeto considerado de alto potencial. Nesse caso, é definido um anjo líder, que será o interlocutor do grupo com o empreendedor, associado a outros anjos que o acompanham no projeto. No Brasil, organizações como Anjos do Brasil já têm processos bastante estruturados para esse tipo de investimento, mobilizando centenas de investidores potenciais. Alguns deles investem em vários negócios diferentes, sendo, portanto, capazes de diluir seus riscos (Box 3.4).

BOX 3.4: INVESTIDORES ANJO

O relacionamento entre o empreendedor e o investidor anjo tem que ser tratado com bastante cuidado e critério. É preciso que exista um elevado grau de afinidade entre esses parceiros para que a cooperação ocorra de forma efetiva.

Não é desejável aceitar anjos líder que deem apenas uma contribuição financeira para o negócio. O papel desse ator é crucial para auxiliar o desenvolvimento do negócio e garantir o relacionamento harmonioso com os demais anjos.

O valor do investimento anjo tem maior concentração nas faixas entre 50 mil e 500 mil reais, podendo atingir um milhão. Em geral, a expectativa desse investidor é que a empresa apoiada venha a receber outros aportes de capital no futuro, vindos de fundos mais estruturados, como os fundos de *venture capital*, por exemplo. Detalharemos esses aspectos a seguir.

E. FUNDOS DE INVESTIMENTO

Em termos práticos, as operações através de fundos de investimento ocorrem quando o empreendedor (acionista) cede cotas de capital para o fundo de investimento e recebe em troca recursos financeiros e outros aportes relevantes: apoio à gestão, refinamento de estratégia, ampliação de *network* e afins. No entanto, esse tipo de operação envolve uma arquitetura mais complexa, que vale a pena ser detalhada.

A rigor, essa modalidade de investimento envolve a participação de três atores principais: o investidor, o gestor de um fundo de investimentos e a empresa investida. O Quadro 3.2 descreve de forma simplificada a estrutura dos chamados fundos de *venture capital* e *private equity*.

QUADRO 3.2: FUNDOS DE INVESTIMENTO (EQUITY)

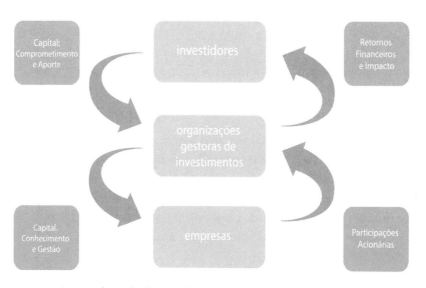

Fonte: Adaptado de "Introdução ao **private equity** e **venture capital** para empreendedores" (ABDI – Agência Brasileira de Desenvolvimento Industrial)

O investidor é uma pessoa física ou jurídica detentora de capital e que aporta recursos em um fundo de investimento (também denominado de veículo). A maioria dos fundos de investimento conta com mais de um investidor, podendo, inclusive, em alguns casos, receber investimentos de um grande número de pessoas ou de outros fundos. Isso significa que, em termos práticos, o investidor, ao investir em um veículo desse tipo, passa a ser detentor de cotas do fundo de investimento.[2]

O segundo ator relevante é o gestor do fundo de investimento. Em geral, esse gestor é uma pessoa jurídica denominada "administradora de fundos de investimentos", que tem sua atuação regulada pela Comissão de Valores Mobiliários (CVM) e é responsável pela seleção das empresas a serem investidas pelo fundo em questão e pelo acompanhamento das empresas investidas ao longo do processo de investimento.

Essa administradora é a responsável por garantir uma gestão criteriosa dos recursos dos investidores e é remunerada através de uma taxa de administração de um dado fundo. Pode acontecer de bancos de investimento, por exemplo, serem associados a administradoras de fundos, mas, para fins legais, os fundos são sempre tratados como pessoas jurídicas independentes. Mas existem também gestores autônomos, sem vinculação direta com bancos.[3]

---

[2] Em geral, para mitigar os riscos do investidor, o veículo utilizado para o aporte dos recursos é um FIP (Fundo de Investimentos em Participações), figura jurídica utilizada para proteger os demais ativos do gestor e do investidor no caso de um fundo ser descontinuado, ou entrar em inadimplência.

[3] No Brasil, muitos chamam essas administradoras pela expressão genérica "fundo". No entanto, fundos e administradoras são figuras jurídicas independentes e é comum uma mesma administradora gerir mais de um fundo de investimento.

E, claro, o terceiro ator relevante desse processo é a empresa investida. As investidas são, em geral, empresas notáveis em alguma dimensão, sendo percebidas como tendo alto potencial de crescimento, o que é inevitável dado o elevado risco desse tipo de operação. Para minimizar esses riscos, é comum um fundo contar com várias empresas investidas simultaneamente em sua carteira.

Em suma, o investidor não aporta recursos diretamente na empresa investida. Esse investimento é realizado através do veículo específico, denominado "fundo". Esse fundo é administrado pelo gestor, que poderá ter assento no conselho ou participar diretamente da administração do negócio investido. A contribuição financeira e técnica desse fundo (e dos seus gestores) ao negócio se dará em troca de uma participação no capital da empresa investida.

Um pressuposto comum nesse tipo de operação é que o fundo sairá do negócio investido em um prazo previamente definido. Evidentemente, a expectativa dos gestores de fundos e dos seus investidores é poder sair da empresa reavendo seu capital, remunerado a uma taxa de rentabilidade esperada e tendo gerado o impacto esperado, se for o caso de um fundo voltado para objetivos específicos. No entanto, isso só ocorre se a empresa investida for bem-sucedida e vier a ser vendida para uma organização maior, ou tiver o seu capital aberto na bolsa de valores.

Como mencionado, uma das principais características das operações de *equity* é que o investidor tende a atuar não apenas provendo recursos financeiros, mas também se aproximando operacionalmente da empresa em que está investindo, visando agregar valor na gestão, no fortalecimento de *network* e na formação de governança. Em outras palavras, é comum que fundos desse tipo se engajem intensamente em atividades do empreendimento, ajudando o negócio a evoluir sadiamente. E, dependendo da organização em questão, esse tipo de aporte pode ser tão ou mais importante do que o recurso investido. Afinal, como novo sócio, isso faz sentido, pois ele é um dos grandes interessados em fazer o negócio progredir o mais rápido possível. Detalharemos a seguir os principais tipos de fundos de investimento.

1. FUNDOS DE *VENTURE CAPITAL* – CAPITAL DE RISCO

Os fundos de *venture capital* (ou capital de risco) costumam investir em organizações um pouco mais estruturadas do que as empresas em estágio pré-operacional, normalmente apoiadas por anjos e aceleradoras. Em geral, são organizações com algum tempo de existência no mercado, que já têm algum faturamento, apresentam um elevado potencial de crescimento, mas ainda não estão consolidadas. Os recursos aportados, nesse caso, podem ser destinados tanto a empresas em estágio inicial de desenvolvimento quanto àquelas em estágio de crescimento mais acelerado.

Trata-se de uma etapa onde a empresa já tem uma tese mercadológica clara, mas ela ainda é considerada de alto risco. Nesses casos, é comum que o fluxo de caixa da empresa esteja em crescimento, mas ainda não se pode afirmar que o modelo está consolidado, podendo apresentar variações e inconsistências, dependendo dos movimentos de mercado e da concorrência. Como esses fundos são organizações muito estruturadas e organizadas do ponto de vista técnico e operacional, a interação com esse tipo de fundo exige um preparo significativo por parte do empreendedor (Box 3.5).[4]

---

[4] Esse aspecto será detalhado mais à frente.

> **BOX 3.5: VENTURE CAPITAL**
>
> Fundos de *venture capital* são muito seletivos na sua prospecção de negócios. Não raro, empresas nesse ramo chegam a estudar centenas de negócios diferentes para cada negócio efetivamente investido. Se desejar captar esse tipo de recurso, o empreendedor deve se preparar muito bem para o engajamento com um ator desse tipo.

Na maior parte dos casos, o dinheiro captado visa projetos de expansão importantes, que permitirão, em médio prazo (5 a 10 anos), multiplicar de forma muito substancial o investimento realizado — caso a empresa investida seja bem-sucedida.

Em geral, os fundos de *venture capital* encontram a chamada porta de saída para o investimento realizado, quando fundos voltados para empresas de maior porte se interessam pelo negócio apoiado e fazem um aporte mais vultoso. Ao longo do processo de aceleração de uma dada organização, essa próxima rodada de investimentos pode ser feita, por exemplo, pelos chamados fundos de *private equity*, que discutiremos a seguir.

2. FUNDOS DE *PRIVATE EQUITY*

Em termos técnicos, os fundos de *private equity* (ou capital privado) têm um formato semelhante aos fundos de *venture capital*, com a diferença que os recursos são destinados a empresas em estágio avançado de desenvolvimento. As investidas são, em geral, organizações lucrativas, com um modelo e um fluxo de caixa consolidado, mas que apresentam alto potencial de ganhar mercado adicional por ainda não terem atingido todo seu potencial em função de deficiências de capital, por exemplo.

É comum que as empresas selecionadas apresentem características inovadoras, diferenciais específicos ou possibilidades de, com o apoio de um sócio estratégico, liderar a consolidação de todo um setor. São diversos os casos de investimentos desse tipo no Brasil em segmentos variados, incluindo construção civil, diagnósticos médicos, varejo e serviços educacionais.

Muito raramente, empresas iniciantes — mesmo aquelas na área de tecnologia — são capazes de acessar fundos desse tipo, tendo que passar previamente por outros estágios de desenvolvimento, com o acesso a *venture capital*, por exemplo. Nesse caso, as operações têm um valor elevado, em geral acima de 10 milhões de reais, mas podendo atingir centenas de milhões.

As gestoras de *private equity* ambicionam potencializar fortemente o negócio investido, o que pode demandar da parte do investidor grande conhecimento do mercado em questão, sendo inclusive capaz de identificar oportunidades que passaram despercebidas para outros agentes do mercado. Além disso, muitos desses fundos têm por objetivo lançar a empresa investida na bolsa de valores, o que exigirá do gestor elevado grau de maturidade e capacidade gerencial.

F. ABERTURA DE CAPITAL EM BOLSA DE VALORES (IPO)

Em geral, os fundos de *private equity* miram, ao final do processo de investimento, nos chamados IPOs (*Initial Public Offer*, em inglês). Esse momento é entendido como a principal oportunidade do fundo monetizar o investimento realizado nas empresas investidas por ele.

Não é propósito deste trabalho discutir o tema de abertura de capital, que seria a última fase de uma empresa em termos de captação de recursos, mas vale a pena abordar alguns elementos. A abertura de capital acontece quando uma organização atinge um determinado grau de maturidade, posicionamento e visibilidade que chama grande atenção do público em geral, o qual passa a ser o investidor alvo. Ao ingressar no mercado aberto, as empresas assumem também outros níveis de responsabilidade em termos de governança e de cumprimento de normas legais de diferentes naturezas.

No Brasil, o recém-criado Bovespa+ é um projeto inovador da BMF & Bovespa visando a viabilizar a abertura de capital para empresas de médio porte. No entanto, esse projeto é relativamente recente (2014), tratando-se ainda de uma iniciativa incipiente e que depende de aspectos regulatórios e da conjuntura do mercado de capitais. É impossível prever nessa etapa de seu desenvolvimento se essa modalidade de captação vai, de fato, deslanchar no país, tornando a bolsa de valores acessível para organizações em etapas mais precoces do seu desenvolvimento.

3.2. ASPECTOS A CONSIDERAR NA CAPTAÇÃO DE INVESTIMENTOS

Uma operação de captação de investimentos (*equity*) tem características bem distintas de uma operação de dívida. Em operações de dívida, o empreendedor está assumindo uma obrigação de pagamento futuro, independentemente de seus negócios irem bem ou não. Ao fechar operações de *equity,* ao contrário, não existe essa obrigação, pois ele venderá uma parte da sua empresa, podendo assumir a possibilidade de vender outra parte mais à frente (e ser mais diluído) ou até mesmo desfazer-se inteiramente de sua participação — saindo do negócio — no futuro.

São propostas absolutamente diferentes em termos dos seus significados de longo prazo. Para o empreendedor, trazer essa questão à tona é provocar, sempre, profunda reflexão. Nem sempre é simples ter sócios. E, se houver um desconforto diante dessa questão, o melhor é o empreendedor rever a sua estratégia de buscar *equity* e considerar outra opção.

Vale lembrar que uma operação de *equity* só é saudável quando os sócios têm uma percepção clara do valor que cada um agrega para a empresa. Para que isso ocorra, a forma de capturar e medir esse valor tem que ser pactuada e as expectativas relacionadas ao futuro da organização precisam ser alinhadas.

Em operações de *equity*, é comum haver mais de uma "rodada" de investimentos. E nem sempre são os mesmos investidores participando de cada rodada. Portanto, a negociação realizada na etapa inicial pode trazer impactos para as etapas posteriores. Se o empreendedor é diluído demais na primeira etapa — isto é, cede uma participação substancial de cotas da empresa em troca de recursos —, ele pode ficar mais reticente em receber investimentos na etapa seguinte. Em outras palavras, para um projeto que precisará receber investimentos em três ou quatro rodadas, as escolhas feitas pelo empreendedor no início do processo podem influenciar significativamente a possibilidade das novas rodadas acontecerem mais à frente.

Em suma, a operação de *equity* exigirá do empreendedor uma maturidade elevada em termos de gestão e governança, ou uma disposição e abertura grande para evoluir rápido nessa direção. Em termos de estruturação, essa operação envolve diversos pontos específicos, independentemente do tipo de fonte de recursos em questão.

Apresentaremos a seguir os principais tópicos que formam a coluna vertebral de uma operação de *equity* bem-sucedida, seja ele capital semente, *venture capital* ou *private equity*. O que mudará em cada caso é a profundidade e complexidade com que cada aspecto será tratado.

A. TESE

Os investidores, em particular os mais estruturados, costumam partir de uma "tese" ou argumento de investimento que define as premissas necessárias para que um modelo de negócio proposto seja submetido à sua análise. Em outras palavras, essa tese define o perfil de investimento que o gestor de um fundo está disposto a examinar, refletindo o que essa organização deseja fazer em termos de alocação de recursos. Esse também é o primeiro filtro que o investidor utiliza para avaliar se seguirá discutindo uma dada oportunidade de investimento ou não.

A tese costuma definir macrodiretrizes seguidas pelo investidor, como, por exemplo, o setor considerado prioritário, o potencial de impacto e/ou de crescimento esperado, o tipo de problema que o negócio busca resolver e temas afins. A tese é, em outras palavras, relacionada à política específica do investidor em termos de gestão de portfólio. Isso significa que o empreendedor não terá como alterá-la, tendo, em alguns casos, que ajustar seu modelo de negócios às premissas colocadas por essa tese.

Por isso, no primeiro contato com um investidor potencial, o empreendedor deve buscar conhecer as teses que orientam a ação desse agente financeiro. No caso de investidores institucionais, essa tese geralmente é explícita. E, mesmo no caso de investidores anjo, existem "teses implícitas", percebidas a partir das preferências desses agentes em termos de prioridades de investimento. Elas costumam ser relacionadas à sua experiência pregressa, ao seu conhecimento de mercado e às sinergias que o anjo percebe entre o empreendimento e o conjunto do seu portfólio.

Alguns investidores podem adotar teses bastante exigentes. Esse é o caso dos fundos cuja proposta é investir em negócios de impacto. Esses fundos se propõem a buscar negócios que, além de serem lucrativos, produzam impacto (social ou ambiental) positivo. Portanto, o que desejam são oportunidades de negócios que evidenciem esse impacto e que tenham possibilidade de crescer rapidamente.

A tese de um determinado fundo de investimento pode ter escopo amplo, como "investimentos em negócios de rápido crescimento", por exemplo. No entanto, esse escopo também pode ser bastante específico: "investimentos em negócios de impacto na área de saúde, cujos modelos resolvam o problema de acesso a serviços básicos e ganhem escala nacional". O empreendedor cujo negócio não gera esse impacto esperado, e que está prospectando um fundo dessa natureza, poderia ter economizado tempo e energia caso tivesse buscado conhecer melhor o seu interlocutor antes. Ele errou o alvo.

Vale notar que nem todos os investidores se posicionam tão claramente com relação à tese de investimento, o que pode dificultar um pouco essa etapa de levantamento de possíveis alvos para captação de investimento. Se for esse o caso, recomendamos que o empreendedor apresente seus argumentos, se tiver um bom projeto e busque oportunidades de fazer contato. Mesmo que ele erre o alvo, poderá colher benefícios: treinará seu discurso de "venda" e poderá ouvir respostas (*feedbacks*) relevantes, que podem ajudá-lo a aperfeiçoar seu modelo.

B. FINALIDADE

Antes de começar a buscar investimento, o empreendedor deve se perguntar com muita clareza para que deseja os recursos e onde eles serão alocados. Ter uma justificativa muito bem construída e, preferencialmente, acompanhada de um orçamento bem elaborado é essencial.

Qualquer investidor potencial discutirá a finalidade do investimento a partir do momento em que perceber que existe alguma sinergia entre as partes. Para continuar a negociação, essa resposta terá que ser muito clara e bem estruturada. O empreendedor deve planejar o mais detalhadamente possível qual será o destino dos recursos, isto é, como eles serão investidos. Precisará também indicar qual o benefício, impacto ou resultado que cada alocação trará.

Esse exercício é de grande valia para qualquer projeto avançar na trilha de análise por parte de um investidor. Algumas perguntas típicas nesse caso são as seguintes:

- *Você quer recursos para testar o conceito do seu modelo?*
- *Você quer recursos para crescer via aquisição?*
- *Você quer recursos para uma expansão orgânica mais acelerada?*
- *Você quer recursos para(...)?*

Como uma operação de *equity* normalmente busca investir em negócios com alto potencial de crescimento, o destino dos recursos precisa estar muito bem conectado com o "como" esses recursos serão investidos e impactarão o resultado da empresa no futuro. Se, na percepção do empreendedor, o problema da empresa é capital de giro para pagar despesas correntes, um investidor dificilmente se interessará por esse projeto. Nesse caso, o mais lógico seria a empresa buscar acessar um empréstimo (dívida).

C. GOVERNANÇA

A governança diz respeito a aspectos críticos relacionados às regras de relacionamento dos sócios dentro de uma empresa. Qualquer investidor potencial vai querer discutir esses aspectos em detalhes antes de concretizar o investimento. Talvez essa seja uma das principais razões para que negociações promissoras não sejam concluídas em operações de *equity*.

A negociação de como será a governança após o investidor colocar recursos na empresa é importantíssima. Ela definirá as regras de poder e de convivência durante o relacionamento entre as partes. Portanto, o empreendedor deve investir tempo, energia e atenção na negociação dessas condições. Algumas perguntas básicas discutidas nesse caso costumam ser as seguintes:

- *Como será a estrutura de poder na empresa após o investimento?*
- *Que tipo de quórum (no conselho da empresa) é necessário para que tipo de decisão?*
- *Quem pode fazer o quê?*
- *Em que áreas?*
- *Decisões podem ser tomadas isoladamente? Quais?*
- *Pode haver parentes na operação?*
- *Haverá rodízio de diretoria?*
- *Como se dará a remuneração dos sócios que estão na operação?*
- *Qual a política de distribuição de lucros, quando eles existirem?*

Essas são algumas das perguntas que a estrutura de governança regulará. Normalmente, ao realizar o investimento, o fundo em questão vai propor um acordo de acionistas que visa a regular em detalhes os compromissos assumidos nessa área. Esses acordos podem ser documentos complexos, contendo aspectos legais que o empreendedor precisa conhecer. É conveniente o empreendedor contar com o apoio de um advogado especializado para orientá-lo na assinatura de um acordo desse tipo.[5]

Um último aspecto a considerar é que muitos investidores dão preferência a empresas do tipo S.A., pois a legislação que rege esse tipo de organização é mais potente para proteger os direitos dos acionistas minoritários (quando associada a um acordo de acionistas). Se a sua empresa não é uma S.A. e espera receber recursos de um fundo, prepare-se para considerar essa mudança.

D. *COMPLIANCE* (CONFORMIDADE DE INFORMAÇÕES E PROCESSOS)

Trata-se de uma dimensão semelhante à descrita anteriormente, no caso do capítulo sobre dívida. A diferença é que, em vez da informação sobre a empresa ter de ser disponibilizada para o credor, deverá ser fornecida ao investidor e futuro sócio.[6]

Em geral, o investidor acompanhará a empresa investida muito de perto e demandará verificar os resultados do negócio mensalmente. Isso é uma condição para o investimento na maior parte das vezes. Em alguns casos, essa demanda pode ser ainda mais exigente: o investidor pedirá para indicar um dos funcionários da empresa, como o gerente financeiro, por exemplo. O empreendedor não deve se assustar se isso acontecer. Se o gerente tiver o perfil adequado, ele pode contribuir para a melhor gestão da organização e funcionar como uma garantia para todos de que o acordo assinado entre as partes será cumprido.

---

[5] Mais à frente, discutiremos algumas das cláusulas comuns a um acordo desse tipo.

[6] A discussão sobre compliance é realizada com mais profundidade no Capítulo 3.

Nesse tipo de negociação, o empreendedor deve considerar com calma o que pode e deve ser negociado e buscar o bom senso. Isso é necessário até mesmo para não burocratizar e encarecer demais o processo, ampliando além do necessário o escopo e a frequência com que as informações devem ser fornecidas.

À medida que o negócio avançar em suas diferentes fases, do estágio inicial (*early stage*) aos estágios mais evoluídos, a tendência será o nível de *compliance* tornar-se mais exigente. E, para organizações de maior porte, isso pode envolver a contratação de uma empresa de auditoria externa para validar as informações e processos da empresa.

É natural que seja assim. A auditoria externa é parte comum da experiência de organizações de grande porte, sendo exigida para empresas com atuação no mercado de capitais. E, na prática, ela também será uma garantia de que todos estão agindo conforme o pactuado.

E. RETORNO E/OU IMPACTO ESPERADO (*VALUATION*)

Valuation é a terminologia utilizada no mercado financeiro para a metodologia que busca atribuir um valor a uma dada empresa em um determinado momento. Nem sempre isso é simples. Por exemplo, quanto mais jovem a empresa ou o projeto, maior o peso de aspectos avaliados de forma relativamente subjetiva, como o plano de negócios, a equipe que o executará e o empreendedor líder do negócio.

Existem diferentes metodologias utilizadas para avaliar o valor de um negócio. Elas podem variar dependendo do estágio da empresa e do setor em que a mesma está inserida. E cada investidor costuma dar preferência a um dado tipo de metodologia. Nenhuma delas é perfeita e existem prós e contras importantes. Não é o propósito deste livro aprofundar a análise dessas metodologias, mas vale a pena oferecer algum esclarecimento sobre o tema.[7]

Uma das metodologias mais utilizadas para avaliações desse tipo é a do fluxo de caixa descontado (FCD), onde se aplica uma taxa de retorno desejada sobre o fluxo de caixa projetado da empresa (ou do projeto em questão) e se chega ao valor presente líquido do mesmo. Não é necessário ser um especialista para perceber que, dependendo da taxa de retorno considerada (em geral influenciada pela taxa de juros praticada na economia), o valor atribuído à empresa pode variar substancialmente.

Além disso, para projetos em estágio muito inicial, essa metodologia tende a ser mais arbitrária, pois as hipóteses que fundamentam as projeções de caixa raramente podem ser construídas em bases verdadeiramente robustas.[8] Isso significa que a avaliação de *startups* pode requerer uma metodologia mais flexível e aderente. Por exemplo, tem sido crescente a utilização da metodologia das opções reais, tendo em vista a incerteza sobre o fluxo de caixa futuro de empresas em estágios muito embrionários.

É claro que a questão da "precificação" é uma grande questão quando o empreendedor está negociando uma participação em seu negócio. Afinal, quanto maior a avaliação, mais "cara" a entrada para o investidor. E isso também pode significar mais recursos para a empresa em troca de menos participação para o investidor.

---

[7]Veja: COPELAND, Tom; KOLLER, Tim; MURRIN, Jack. *Avaliação de empresas – valuation*. Editora Makron Books.

[8]Sobre modelos alternativos de avaliação ao fluxo de caixa descontado, o leitor pode pesquisar os seguintes temas: opções reais, CAPM (Capital Asset Pricing Model) e múltiplos.

Por mais difícil que seja realizar qualquer exercício de simulação futura, o mais importante nessa etapa é que haja um consenso entre as partes sobre as premissas utilizadas para se chegar ao valor da oportunidade de investimento. O empreendedor deve estar preparado para fazer essa discussão com serenidade e sangue frio (Box 3.6).

> **BOX 3.6: DIFICULDADES COM *VALUATION***
>
> Se, ao longo da negociação, houve alinhamento de valores, intenções, motivações e um bom clima, convém ao empreendedor não transformar a questão da precificação do negócio em um cavalo de batalha. Existem saídas para um eventual impasse.
>
> O contrato pode estabelecer metas a serem atingidas em determinados prazos. Se atingidas, elas influenciarão a precificação original, gerando mais aportes do investidor sem mudança do seu percentual de participação ou redução da participação do investidor sem novos aportes. O termo técnico utilizado para esse tipo de condicionante é *earn out*.

Vale aqui uma observação adicional sobre investidores voltados para negócios com impacto social. Como medir o impacto social? Esse não é um tema trivial. É uma discussão ainda em desenvolvimento, sujeita a muitas ambiguidades.

No entanto, quando o empreendedor negocia com um fundo voltado para esse tema, essa é uma das variáveis que influenciará o valor percebido do negócio, pois, quanto mais eficaz e eficiente o modelo se mostrar capaz de gerar impacto efetivo, mais importância esse negócio terá, em tese, para esse tipo de investidor.

F. PROCESSO DE NEGOCIAÇÃO

Cada processo de negociação é único. Em alguns casos, ele pode ser longo, atingindo um ano ou mais. Existem também processos rápidos, sobretudo em mercados em ebulição — como o de tecnologia, quando o investidor quer evitar que um concorrente faça o investimento na sua frente. No entanto, essa segunda hipótese é mais rara.

Um aspecto central da negociação será a percepção que o investidor construirá a respeito do empreendedor. Ele é confiável? Ele é uma pessoa estável, capaz de administrar conflitos e enfrentar a pressão? É, de fato, alguém com garra de empreendedor, capaz de achar soluções inovadoras que ninguém tinha visto antes?

Por mais racional que o investidor seja, ele ainda terá que contar muito com sua percepção e intuição para tomar uma decisão de investimento. Isso significa que os aspectos de relacionamento interpessoal podem ter peso no processo de decisão (Box 3.7).

> **BOX 3.7: COMPORTAMENTO DA NEGOCIAÇÃO**
>
> Seja claro e transparente no processo de negociação. As recomendações básicas para o empreendedor são as seguintes:
>
> - *Não "enrole";*
> - *Cerque-se dos melhores indicadores do seu negócio e tenha certeza sobre como foram produzidos e quais são as suas limitações;*
> - *Se receber um não como resposta, considere isso um ativo valioso.*
>
> Um bom *feedback,* mesmo que negativo, pode dar pistas importantes das lacunas existentes e permitir um melhor posicionamento do negócio no futuro.

Como discutido anteriormente, o empreendedor deve se preparar para que, com o bom andamento das negociações, a empresa venha a ser investigada a fundo pelo investidor potencial através de um processo de auditoria conhecido por *due diligence*. Portanto, todas as informações oferecidas no início do processo serão verificadas a fundo.

Basicamente, isso serve para o investidor ter certeza que os números que o empreendedor está fornecendo e os argumentos que ele está formulando são corretos. Portanto, o empreendedor deve certificar-se de que os números e projeções que está oferecendo ao seu interlocutor são realistas e fidedignos.

G. PRAZO DE INVESTIMENTO

Caso o investimento ocorra, um aspecto central a ser esclarecido ao longo da negociação diz respeito ao prazo de investimento. Os gestores de fundos de *venture capital* ou *private equity* operam, em geral, com prazos limitados, ao fim dos quais eles são obrigados a devolver os resultados dos seus investimentos para os cotistas dos fundos por eles administrados. E isso tem implicações importantes para qualquer empresa investida.

Dependendo do estágio de desenvolvimento do negócio, os prazos dos investimentos praticados no mercado podem variar. Mas, em geral, um fundo de investimento estará confortável em permanecer como seu sócio de uma empresa por cinco a sete anos. Porém, muito provavelmente, após essa etapa, ele considerará seriamente a saída.

O empreendedor não deve se assustar com esse tipo de hipótese, pois isso é próprio da natureza do negócio do fundo. Investidores anjo também têm expectativas análogas, mas podem aceitar abordagens mais flexíveis — até porque investem quantias mais modestas. Abordaremos esse tema com mais profundidade adiante.

H. CICLOS OU RODADAS DE INVESTIMENTO

Caso o projeto seja bem-sucedido, após receber um primeiro investimento, existe a probabilidade de que outras rodadas de investimento possam acontecer. É normal existirem rodadas ou ciclos de novos investimentos à medida que a empresa vai avançando através das fases de desenvolvimento. Maior ainda é essa probabilidade se a sua captação aconteceu nos estágios iniciais, com capital semente.

Isso significa que o empreendedor deve ter esse aspecto em mente ao negociar as condições com o investidor, os termos de participação, atuação e forma de saída. A possibilidade de uma segunda rodada de captação pode ser comprometida por conta de uma negociação malfeita nos estágios iniciais. Isso é comum, por exemplo, quando o empreendedor cede uma proporção muito elevada de cotas para um investidor anjo (ou de *venture capital*), o que o leva a não aceitar perder mais cotas na rodada subsequente.

Vale também notar que o novo investidor tenderá a querer alocar seus recursos para alavancar o negócio (*cash in*), e não para dar saída ao capital alocado pelo empreendedor ou outro investidor de etapas anteriores (*cash out*). Isso ocorrerá apenas em condições muito especiais, caso o investidor considere essa operação muito estratégica.

I. SAÍDA

Um dos aspectos mais delicados de uma empresa se dá no momento da saída de um sócio. E qualquer investidor institucional, quando planeja investir em uma empresa, considera desde o primeiro momento as diferentes possibilidades de "porta de saída". Não há como ser diferente, pois é no momento de saída que o fundo de investimento terá a oportunidade de concretizar o retorno do investimento realizado e dar satisfação para seus cotistas.

Obviamente, a saída mais desejada por parte dos grandes investidores se dá através dos chamados IPOs, quando a empresa é lançada na bolsa de valores e as ações do negócio passam — do dia para noite — a ter muito mais liquidez. Situações desse tipo permitem que um fundo reduza sua participação de forma fácil e ágil, ou até mesmo que considere continuar na empresa por mais um período, se assim desejar.

No entanto, o IPO só vai ocorrer em situações muito especiais e para empresas de maior porte. Na maior parte das vezes, a porta de saída ocorrerá em apenas duas circunstâncias: venda para outro investidor ou aquisição da empresa por uma organização de porte maior. E essas duas situações envolvem várias decisões difíceis. As perguntas mais comuns, nesse caso, são as seguintes:

- *Qual é o valor (valuation) da empresa que servirá de base para essa negociação?*
- *Como serão tratados os sócios que continuam e os que saem do negócio?*
- *Qual é a estrutura de governança a ser considerada com a incorporação do novo sócio?*
- *Quais são as regras de comportamento do ex-sócio depois de sair?*

Para lidar com essas dificuldades, os fundos de investimento foram desenvolvendo, ao longo do tempo, um conjunto de cláusulas contratuais que — no momento do investimento — já estipulam as regras relacionadas à saída, de modo que essas questões sejam negociadas logo no início da relação. O empreendedor deve ficar bastante atento a esse tipo de regra, pois elas podem ter grandes consequências de longo prazo. As mais comuns são as seguintes:

- **Tag along**: *no caso de venda de cotas da empresa por um dos sócios, os demais acionistas têm o direito de vender suas cotas ao mesmo preço acordado com o comprador. Essa é uma regra que todo investidor minoritário espera obter e que é obrigatória para as empresas classificadas no nível 3 de governança corporativa da BMF & Bovespa (Novo Mercado). Ela garante a isonomia entre cotistas com diferentes participações acionárias no momento de uma venda;*

- **Drag along**: *essa cláusula obriga um sócio minoritário a acompanhar o majoritário, no caso da venda da organização. Em outras palavras, essa regra limita o direito de um minoritário vetar uma negociação e tentar continuar na sociedade, caso não seja o desejo do comprador. Em geral, os fundos ficam mais confortáveis quando tag along e drag along são incluídos em conjunto em um contrato, pois essas duas cláusulas, na prática, obrigam os sócios a chegar a um acordo em caso de venda de parte ou da totalidade das cotas da empresa;*

- **Non-compete**: *trata-se de uma regra que obriga um sócio que saiu do negócio a não competir naquela área por um dado período de tempo. As restrições aqui podem variar bastante em termos do período envolvido e do tipo de atividade que o sócio de saída deixará de exercer. Normalmente, essas regras são estipuladas* *para os chamados "sócios estratégicos", aqueles que detêm conhecimentos específicos sobre o negócio (como a carteira de clientes) e que podem trazer grande prejuízo para a organização, caso levem esse conhecimento para outra empresa;*

- **Put option:** *essa regra dá direito a um determinado investidor a vender suas cotas na empresa a um dado preço em uma data determinada. Menos comum no caso de negócios com empresa de menor porte, o put option é uma garantia que o investidor tem de recuperar o seu capital a um dado valor, independentemente do desempenho da empresa em questão. Evidentemente, essa é uma opção que só poderá ser exercida se a organização investida (ou o sócio remanescente) tiver liquidez suficiente para tanto;*

- **Partes relacionadas:** *trata-se de uma cláusula que veda a relação da empresa com partes relacionadas a algum dos sócios, como parentes fora do negócio, por exemplo. A rigor, quando fundos investem em empresas de origem familiar, nem sempre é simples para o empreendedor separar claramente os ativos da empresa dos bens que pertencem à família. E esse tipo de dificuldade se aprofunda depois do investimento. Pode ocorrer, por exemplo, do empreendedor contratar a empresa de sua esposa, ou filho, para realizar um determinado serviço. Fato que pode ser interpretado pelo investidor como uma forma inadequada de dar saída ao capital investido. E, dependendo das circunstâncias, esse tipo de prática pode ganhar contornos ainda mais difíceis. Essa é uma regra de convivência importante, que deve ser objeto de bastante reflexão por parte do empreendedor antes de fechar contrato.*

Todos esses aspectos sugerem que a negociação com fundos de investimento pode ser complexa tanto do ponto de vista dos seus aspectos contratuais — como discutido anteriormente — quanto do ponto de vista dos seus aspectos práticos e operacionais. Para facilitar esse processo, apresentaremos um passo a passo com os elementos necessários para uma captação de investimento.

3.3. PASSO A PASSO DA CAPTAÇÃO DE RECURSOS VIA *EQUITY*

Essa seção oferece um guia prático dos passos a seguir para que um empreendedor possa buscar recursos na forma de *equity*. Apresentamos também um roteiro genérico para a elaboração de um plano de captação de recursos que poderá ser adaptado de acordo com os roteiros ou demandas predefinidas pelos fundos ou outros agentes financeiros que o empreendedor contatará.

Vale notar que alguns processos de captação de recursos podem ser muito complexos, envolvendo potencialmente várias etapas. Esse é o caso de quando, por exemplo, o empreendedor almeja fazer uma negociação com um fundo de *private equity*, que — como já vimos — é um segmento voltado para uma empresa que já se encontra em uma fase de desenvolvimento mais avançado. O Quadro 3.3, a seguir, detalha as várias etapas que, idealmente, envolvem uma negociação desse tipo.

Embora muitos investimentos não tenham a complexidade descrita nesse quadro, como no caso dos negócios com investidores anjo, vale a pena considerar que todos esses elementos podem existir — mesmo que de forma embrionária — em um processo de negociação. Discutiremos cada uma dessas etapas a seguir, tendo por objetivo destacar os aspectos conceituais envolvidos que são relevantes para qualquer tipo de operação de *equity*. Usaremos aqui, quando necessário, um vocabulário um pouco mais técnico, com o objetivo de apresentar ao empreendedor os termos mais frequentemente utilizados nesse processo.)

ETAPAS DE CONCRETIZAÇÃO DO NEGÓCIO VIA *EQUITY*	
INVESTIDO – EMPREENDEDOR	INVESTIDOR
Definição estratégica	Definição estratégica
Contratação de estruturador	Contratação de estruturador B
Mandato de venda	Mandato de compra
Preparação do *info memo*	Mapeamento de mercado
Mapeamento de investidores alvo	Seleção prévia
Road show	Análise do *info memo*
NDA	NDA
Início negociações	Início das negociações
LOI/*term sheet*	LOI/*term sheet*
Due diligence	*Due diligence*
Contrato de compra e venda	Contrato de compra e venda

Fonte: Adaptado de "Manual de *private equity* e *venture capital*".

A. DEFINIÇÃO ESTRATÉGICA DO PLANO DE CAPTAÇÃO

A primeira etapa diz respeito à definição estratégica do plano de captação. Trata-se da ação antecipada do empreendedor, buscando definir com clareza por que captar recursos e como empregá-los, bem como escolhendo o tipo de recurso a ser captado e identificando os alvos preferenciais para sua abordagem. Refere-se, em síntese, à definição dos elementos centrais da estratégia de crescimento do negócio, incluindo um entendimento sobre o papel da captação de recursos nesse processo.

A rigor, o tema de definição estratégica é abordado ao longo de todo o livro. Para os leitores que desejam se aprofundar no tema, sugerimos que releiam os Capítulos 1 e 2.

B. CONTRATAÇÃO DE UM AGENTE ESTRUTURADOR

Em operações de maior porte, um segundo passo frequentemente realizado diz respeito à contratação de um agente estruturador. É sempre recomendável que o empreendedor tenha a ajuda de um especialista em operações dessa natureza, apoiando-o durante todo o processo. No caso do segmento de *equity*, os atores do mercado que funcionam como estruturadoras são as chamadas boutiques de fusões e aquisições (M&A). Mas isso também pode ser realizado por consultores específicos, escritórios de advocacia especializados e bancos de investimento.

De modo geral, as boutiques de M&A só se interessam por empresas de médio e grande porte. Dificilmente empresas cujo valor estimado (*valuation*) for inferior a 10 milhões de reais poderão contar com o apoio de uma boutique desse tipo. As operações estruturadas por bancos de investimento têm porte ainda maior.[9] Em geral, as condições de remuneração do estruturador variam muito, sendo que o mais corrente é o pagamento de um valor fixo por horas de trabalho e um percentual (denominado *success fee*) sobre o valor captado. Em alguns contratos, caso o estruturador consiga captar um valor maior do que o valor alvo definido entre as partes, ele tem direito a um prêmio extra, denominado *fee* de desempenho.

C. ELABORAÇÃO DE UM MANDATO DE VENDA

Contatado o estruturador, a terceira etapa é a elaboração de um mandato de venda. Trata-se do documento que regula a relação entre o empreendedor e o estruturador. Em termos legais, o em-

---

[9] Vale notar que — para operações de menor porte — aceleradoras, anjos ou consultores especializados também podem ser acionados.

preendedor dá poderes ao estruturador para representá-lo e define as condições para que isso aconteça. Normalmente, esse mandato é válido por um prazo negociado entre as partes, garantindo ao estruturador exclusividade, isto é, assegurando que o empreendedor não buscará outros veículos de prospecção nesse período.

Esse documento também especificará os elementos envolvidos no trabalho do estruturador, que pode incluir a realização de uma avaliação do valor da empresa (*valuation*) e a elaboração de materiais de apoio para prospecção a ser feita, no caso de ser uma busca ativa de investidores. Outros aspectos da relação entre as partes também podem ser contemplados nesse documento. Do lado do empreendedor, recomenda-se incluir cláusulas de sigilo, não concorrência e relacionadas à regulação de eventuais conflitos de interesses da parte do estruturador.

Um ponto importante em relação a esse último aspecto é que o estruturador é um agente que costuma ser procurado tanto por empresas em busca de uma captação quanto por organizações interessadas em adquirir algum negócio específico. Nesse sentido, o empreendedor — ao buscar estruturadores — deve se assegurar de que ele vá atuar apenas em seu nome. Em outras palavras, não é desejável que ele represente simultaneamente o vendedor e o comprador do ativo em questão, prática relativamente comum em outros mercados, como, por exemplo, o de compra e venda de imóveis, quando essa distinção nem sempre fica clara.

D. ELABORAÇÃO DO *INFO MEMO*

A quarta etapa do processo diz respeito à elaboração do chamado *info memo* ou *information memorandum*. A rigor, esse documento nada mais é do que um plano de negócios atualizado para o momento específico que a empresa vive, e que especifica claramente todos os aspectos relacionados ao processo de captação.

Podendo ser elaborado com o apoio do estruturador, esse documento conterá informações detalhadas sobre a empresa a ser investida. Em linhas gerais, ele descreverá o seu modelo de negócios e a estratégia principal da empresa. Oferecerá também uma descrição da equipe (incluindo detalhes sobre a experiência e a capacitação dos membros chave), características da operação, público-alvo do negócio e principais clientes. Em suma, esse documento trará todas as informações básicas sobre a empresa que um eventual investidor precisará saber. É ele também que alicerça o processo de avaliação do negócio e a precificação do mesmo (*valuation*). Na próxima seção, apresentaremos em detalhes os principais pontos a serem considerados na elaboração desse documento.

E. MAPEAMENTO DE INVESTIDORES

Tendo sido elaborado o *info memo*, o quinto passo do processo de captação de recursos é o mapeamento de investidores. Essa é, literalmente, a definição da lista de potenciais investidores existentes no mercado. Vale notar que, dependendo do negócio em questão, essa lista pode contar com atores nacionais ou internacionais, incluindo empresas, fundos de investimento ou até investidores individuais com grande volume de ativos.

De acordo com a estratégia de captação pensada e o perfil mais adequado de alvo, esse mapa permitirá identificar quem será abordado. Vale notar que o *network* do estruturador e o seu entendimento a respeito do tipo de agente que tem mais aderência a uma determinada empresa pode ser um ativo de grande valia para o empreendedor, nesse momento de identificação dos investidores potenciais e no contato com eles.

F. ROAD SHOW

Assim, definidos os investidores alvo (prioritários), a sexta etapa envolve a realização de um ciclo de apresentações sobre a proposta em questão, também denominado de *road show*. Em geral, essa é a etapa que envolve a abordagem dos prováveis investidores e a apresentação da oportunidade de negócio. Essa apresentação deve ser bastante concisa e pragmática, sendo baseada no *info memo*, mas sem abrir em detalhes todos os objetivos da negociação a ser proposta posteriormente.

Como aprofundaremos à frente, trata-se de uma etapa a ser planejada e executada com bastante cuidado, a fim de ampliar as possibilidades de captação. E, como o nome em inglês já diz, pode envolver a realização de viagens, dependendo da localização da empresa em busca de recursos. A maior parte dos fundos de investimento, por exemplo, estão localizados em São Paulo e no Rio de Janeiro, obrigando organizações localizadas fora dessas praças a se deslocar para cumprir essa etapa.

G. CONTRATO DE CONFIDENCIALIDADE OU NDA (*NON-DISCLOSURE AGREEMENT*)

Depois desse ciclo de apresentações, espera-se que algum dos alvos do processo de captação demonstre interesse pelo negócio. Quando isso acontece, o primeiro documento a ser assinado é um contrato de confidencialidade. Esse documento constitui o sétimo passo do processo e deve ser assinado entre empreendedor e investidor potencial.

Isso acontecerá caso o investidor potencial, após ser abordado em conversas preliminares, mostre-se interessado e deseje informações mais detalhadas, pedindo que lhe seja enviado o *info memo*. O NDA é necessário dado o caráter estratégico das informações que o *info memo* usualmente disponibiliza sobre a empresa.

H. INÍCIO DAS NEGOCIAÇÕES

Depois de toda essa preparação, a oitava etapa é o início das negociações. Esse é o momento de alinhamento das premissas e expectativas básicas sobre a oportunidade de investimento, com validação das informações contidas no *info memo* e explicitação dos interesses das partes. Dependendo da qualidade do *info memo* e do grau de aderência entre a proposta da empresa e os interesses do investidor, essa negociação pode evoluir de forma relativamente rápida.

Vale dizer aqui que, nesses contatos, aspectos básicos de etiqueta e relacionamento social podem auxiliar o processo. Aspectos básicos de civilidade e cordialidade aproximam os interlocutores e facilitam a aproximação.

I. CARTA DE INTENÇÕES OU LOI (*LETTER OF INTENTIONS*)

O nono passo do processo de captação de recursos é concretizado através de uma carta de intenções. Esse é o segundo documento a ser assinado entre o empreendedor e o seu investidor potencial, caso as negociações iniciais, após a análise do *info memo*, demonstrem potencial para avançar.

Na LOI, é comum o empreendedor oferecer exclusividade do negócio ao investidor por tempo determinado, não podendo estabelecer negociações com outros investidores nesse período. Esse é um ponto importante, dependendo das possibilidades identificadas pelo empreendedor (e seu estruturador) e da expectativa de prazo relacionada ao processo como um todo. Vale também lembrar que esse documento não obriga as partes a concretizarem o negócio.

J. ACORDO DE PRÉ-INVESTIMENTO (*TERM SHEET*)

O décimo passo diz respeito à assinatura do chamado *term sheet*. Esse é um terceiro documento que, quando assinado entre empreendedor e investidor, deve descrever as condições do acordo que está sendo negociado entre as partes. Essas condições serão formalizadas em um contrato de compra e venda (*final agreement*) quando do fechamento do processo.

Normalmente, esse documento já define os valores envolvidos na negociação (*valuation*), bem como a proporção das cotas a serem atribuídas ao investidor. Outros aspectos relevantes, referentes às principais regras de governança a serem contratadas, também podem ser incluídos nessa etapa. No entanto, esse documento costuma especificar que as condições assumidas entre as partes serão sujeitas à confirmação posterior, dependendo dos resultados da diligência a ser feita em seguida.

K. DILIGÊNCIA (*DUE DILIGENCE*)

Como consequência, a décima primeira etapa do processo envolverá a contratação — normalmente por parte do futuro investidor — de uma diligência, ou uma auditoria detalhada da empresa a ser investida. De fato, depois de assinados o NDA, a LOI e o *term sheet*, o investidor proporá a realização dessa auditoria da empresa para ter certeza que os elementos apresentados no *info memo* são fidedignos e consistentes.[10]

Em geral, são feitas auditorias nas áreas fiscal, tributária, trabalhista, contábil, financeira e operacional, bem como dos demais aspectos que tenham sido acordados para a conclusão do negócio

---

[10] Um modelo básico de due diligence é apresentado no Anexo 2.

(*term sheet*). Dependendo da área de atividade da empresa, essa auditoria também pode envolver outros aspectos legais, como, por exemplo, no caso de empresas que tenham contratos com o setor público que possam vir a ser objeto de supervisão e/ou investigação pelos tribunais de contas ou outros órgãos públicos de controle.

Nessa etapa, as informações disponibilizadas pelo empreendedor e analisadas pelo investidor também servirão para uma nova validação das premissas apresentadas no *info memo*. Os resultados dessa *due diligence* podem implicar uma segunda rodada de negociação, sobretudo com discussões relacionadas à revisão do preço proposto (*valuation*), se forem encontrados passivos não informados no *info memo* ou até mesmo não detectados pelo empreendedor anteriormente.

L. CONTRATO DE COMPRA E VENDA (*FINAL AGREEMENT*)

Caso a etapa da *due diligence* seja bem-sucedida, não trazendo nenhuma informação nova que alarme os investidores e impeça a realização do negócio, a última etapa do processo será a celebração do contrato de compra e venda. Esse contrato será elaborado buscando detalhar todas as regras do negócio. Esse é o documento final a ser assinado entre as partes.

No caso de sociedades anônimas, a assinatura do contrato de compra e venda costuma vir acompanhada por um acordo entre todos os acionistas que passam a integrar o grupo que controla a empresa.[11] É nesse acordo que costumam ser estipuladas as cláusulas relacionadas à governança corporativa (*tag along, drag along, put option*, etc.) discutidas em mais detalhes na seção anterior. De

---

[11] Podem existir acionistas minoritários que não integram esse bloco de controle e que não assinam esse documento. Isso é comum, por exemplo, no caso de funcionários que receberam uma pequena fração das ações da empresa como estratégia de retenção.

todo modo, os acordos de acionistas não podem ser vistos como uma etapa separada do processo, pois eles são parte integrante do *final agreement* e refletem — em outro formato — os aspectos negociados entre as partes.

M. TEMPO NECESSÁRIO PARA A CAPTAÇÃO

Evidentemente, o tempo necessário para cumprir as várias etapas descritas anteriormente pode variar consideravelmente, dependendo do caso. O Quadro 3.4 a seguir, apresenta uma expectativa aproximada de quanto tempo cada etapa pode consumir.

QUADRO 3.4: TEMPO ESTIMADO PARA AS DIFERENTES ETAPAS DA CAPTAÇÃO DE INVESTIMENTO

ETAPAS	MESES								
	1	2	3	4	5	6	7	8	9
Contratar estruturador	X								
Assinar mandato de venda	X								
Preparar *info memo*		X	X						
Mapear investidores			X	X					
Fazer *road show*				X	X	X			
Assinar NDA						X			
Iniciar negociações						X			

(continua)

Assinar LOI/*term sheet*						X		
Fazer *due diligence*						X	X	X
Assinar contrato de compra e venda								X

Os prazos apresentados nesse quadro são aproximados. A rigor, esse tempo poderá variar bastante, dependendo do empenho do empreendedor (e do seu estruturador), da qualidade das informações fornecidas, do interesse e motivação das partes em acelerar ou não o processo, e do alinhamento dos termos de negociação.

Em geral, os processos podem ser mais demorados em duas circunstâncias principais. Uma situação comum é quando o investidor potencial gostou do empreendedor e do seu time, mas tem dúvidas sobre o modelo de negócio. Sobretudo nas organizações de *venture capital*, as partes podem gastar mais tempo discutindo adaptações do modelo proposto, incorporando aspectos da visão do fundo de investimento no desenho do projeto. Isso pode ser demorado e, em alguns casos, envolver a realização de um projeto-piloto que antecede um aporte mais vultoso.

O oposto também pode ocorrer. O investidor se interessou muito pelo modelo proposto, mas tem dúvidas sobre a figura do empreendedor ou sobre seu time. Nesse caso, a negociação tende a levar mais tempo, de modo que o investidor potencial possa se assegurar da credibilidade desse grupo, por exemplo, realizando uma *due diligence* mais aprofundada e criteriosa.

N. O "PÓS-CAPTAÇÃO"

Por fim, vale a pena lembrar também que a organização de uma estrutura adequada para o exercício do *compliance* será necessária. Essa estrutura garantirá que as informações pactuadas em contrato com o agente financeiro sejam atendidas em qualidade e prazo.

Desgastes desnecessários podem surgir no momento posterior à captação por conta de atitudes imaturas do empreendedor ou de sua equipe, não entregando com presteza, por exemplo, as informações acordadas mutuamente em contrato. Isso tende a ocorrer quando entendem que, após o ingresso dos recursos, esse tema já não é tão prioritário, não sendo tão necessário atender rapidamente o investidor.

Mas vale lembrar que uma relação de confiança tende a se estender em longo prazo. É importante ter isso em mente. O empreendedor deve dar atenção a todos os pontos acordados com seus investidores após o ingresso dos recursos, bem como manter uma atitude atenciosa e cordial. É importante fortalecer a relação de confiança. Isso poderá abrir outras oportunidades mais à frente.

3.4. ROTEIRO DO PROJETO DE INVESTIMENTO – *INFO MEMO*

Quando observamos o conjunto de etapas discutido anteriormente, podemos perceber que o *info memo* é a peça chave no processo de captação de recursos. É ele que abre as portas para uma negociação mais aprofundada entre as partes. É ele também que serve de base para os argumentos que serão validados ao longo do processo. Assim, aprofundaremos aqui os aspectos relacionados à elaboração desse documento.

A lógica aqui é simples: quanto mais rica e melhor apresentada for a informação oferecida ao potencial investidor, maior a probabilidade de se obter atenção e êxito na captação. Evidentemente, isso também supõe que exista algum interesse entre as partes em fazer o negócio, e que as estratégias e valores das partes estejam minimamente alinhados.

Vale lembrar que, no momento de captação de recursos, com uma empresa em estágio inicial, tem que se pensar como se fosse uma organização madura: ela não é uma *startup*; ela está uma *startup*. A atitude do empreendedor quando desenvolve um projeto para esse fim deve ser a de pensar na sua empresa como se ela fosse ser listada na bolsa de valores. Ele deve adotar os princípios, compromissos e padrão de gestão de uma organização desse tipo, independentemente de estar no estágio inicial.

Muitos creem que as melhores práticas de gestão estão associadas ao tamanho do faturamento. Estão errados. As melhores práticas estão conectadas à maturidade e à visão do empreendedor enquanto líder da sua equipe. Existem empresas de alto faturamento que terão muita dificuldade em acessar um fundo de *private equity,* porque têm práticas de gestão inadequadas e uma governança corporativa pobre. Existem também empresas em fase de crescimento que já adotaram práticas típicas de empresas listadas na bolsa.

Esse roteiro é o instrumento que o empreendedor oferece ao gestor financeiro para verificar a relevância, a consistência e a viabilidade econômico-financeira do seu projeto. Ele funcionará como um dos parâmetros que esses agentes utilizarão para analisar uma eventual parceria. E, no fundo, funcionará também como uma ferramenta interessante para o próprio empreendedor, ao ajudá-lo a organizar seus dados, interpretações e ideias sobre a empresa e o seu modelo de negócios.

O empreendedor deve tratá-lo como um guia a ser adaptado e customizado a cada caso, com enriquecimento de informações ou supressão de outras, quando couber. A rigor, o que diferirá de um agente financeiro para outro será a profundidade com que cada um deles desejará entender determinado tópico. Isso também significa que o grau de detalhe com que cada empreendedor precisará comprovar e validar as informações variará. Um bom começo é partir do princípio de que o empreendedor deve se preparar como se estivesse negociando com os interlocutores mais exigentes e complexos existentes. Detalharemos a seguir os dois eixos principais de um documento desse tipo: o que comunicar e como comunicar.

A. O QUE COMUNICAR?

Em essência, existem três eixos de informação que precisam estar estruturados, articulados e consistentes em qualquer plano de captação: o projeto (ou modelo) a ser financiado, a empresa que está captando recursos, e o empreendedor e a sua equipe. Detalharemos esses aspectos a seguir.

1. O QUE COMUNICAR – O PROJETO OU MODELO DE NEGÓCIO

Nesse eixo, o empreendedor precisa comunicar que tem uma proposta de atuação bem definida no âmbito do mercado em que atua e uma consciência bem desenvolvida sobre o seu negócio. Em outras palavras, o empreendedor precisará evidenciar que o projeto da sua organização tem vários atributos relevantes:

- *Um produto bem definido, e não uma hipótese de produto;*

- *Um bom modelo de receita, trazendo informações em detalhes sobre como o projeto está sendo ou será monetizado;*
- *Uma visão clara sobre a escala potencial que o negócio pode atingir, o que requer um entendimento preciso de quem são e quantos são seus clientes-alvo;*
- *Uma compreensão precisa sobre o grau de inovação e os diferenciais que seu produto traz;*
- *Clareza sobre quais são as barreiras à entrada, existentes no mercado em que atua, ou que podem vir a ser estabelecidas (competitividade);*
- *Uma estimativa realista sobre o volume de recursos que o empreendedor estima precisar para o projeto.*

Além disso, um projeto desse tipo costuma incluir um cronograma físico-financeiro (ou fluxo de caixa projetado). Nele, o empreendedor precisará demonstrar que esse projeto é capaz de absorver adequadamente os recursos demandados, e indicará como e quando eles serão utilizados. Esse é um documento a ser discutido em detalhes no futuro com o especialista financeiro de um fundo de investimentos, por exemplo (Box 3.8).

BOX 3.8: CONSISTÊNCIA

O gestor do fundo de investimento testará diversas vezes a consistência e a integridade do discurso do empreendedor e de sua proposta. Podem existir vários "momentos da verdade" entre a primeira conversa e a evolução de uma negociação, onde o empreendedor e seu time serão testados. Esses momentos também são importantes para ele validar suas expectativas em relação ao investidor.

Espera-se também que esse cronograma físico-financeiro especifique como e quando se dará para o investidor o retorno dos recursos acessados. Finalmente, mas não menos importante, será preciso especificar quais resultados o projeto espera atingir com os recursos aportados e quais são os impactos esperados.

Os empreendedores de *startups*, em especial aqueles que atuam em mercados em formação, podem se questionar sobre a relevância de exercícios desse tipo, que, em muitos casos, têm que partir de premissas nem sempre sólidas, seja por ausência de informações ou porque a organização encontra-se em seu estágio inicial. Além de auxiliar no esforço de concretizar numericamente o valor a ser atribuído ao negócio, o principal motivo é que, ao fazer esse tipo de exercício, o empreendedor demonstrará diversos atributos essenciais para a decisão (sempre sujeita à incerteza) a ser tomada pelo agente financeiro. A rigor, ao fazer esse exercício, o empreendedor comunicará que:

- *Conhece profundamente o seu negócio e o contexto em que está inserido;*
- *Sabe falar de forma consistente sobre o seu campo de atuação;*
- *Conhece a oportunidade do negócio que está propondo e sabe por que ela faz sentido;*
- *Sabe o tipo de recurso que precisa, quanto, por que e para quê;*
- *Sabe como vai usar o recurso demandado ao investidor;*
- *Identifica adequadamente os resultados que o recurso produzirá para o projeto, em quanto tempo e como serão medidos;*
- *Demonstra que seu modelo permite um retorno rápido e expressivo dos recursos recebidos;*
- *Conhece os riscos a que o projeto está submetido e que potenciais consequências isso gera.*

Em poucas palavras, o empreendedor comunicará que domina plenamente o conteúdo relacionado ao negócio em questão e que consegue apresentar um argumento racional robusto sobre seu projeto. Essa é a mensagem principal.

2. O QUE COMUNICAR – A EMPRESA

Ao falar sobre sua empresa em um documento como o *info memo*, o empreendedor precisará comunicar que a estrutura existente ou a ser construída em sua organização é adequada para a execução bem-sucedida do projeto proposto. Isso envolve diversas dimensões que vão além da discussão sobre os recursos disponíveis ou aqueles a serem investidos.

Por exemplo, isso diz respeito também à forma como as decisões são tomadas (governança) e sobre como os processos são executados e controlados (fluxos operacionais e *compliance*). Isso permitirá que o agente financeiro reflita sobre a gestão do negócio como um todo, averiguando se os processos existentes são adequados e suficientes para assegurar que a proposta de valor do projeto e as metas estabelecidas sejam atingidas no prazo esperado (Box 3.9).

BOX 3.9: CONFIANÇA E CREDIBILIDADE

No processo de captação de recursos, existem aspectos subjetivos, difíceis de especificar. No entanto, eles serão considerados. Por mais que seus dados e apresentação sejam adequados, o gestor de um fundo vai considerar também a confiança e a credibilidade que o empreendedor transmitiu ao longo de seu diálogo com ele.

O empreendedor também precisa ser capaz de comunicar e comprovar que não existem riscos ou contingências "ocultas" que poderiam comprometer a saúde futura da empresa. Vários aspectos podem ser envolvidos nessa comunicação:

- *Qual é a história da empresa?*
- *Que estrutura a empresa possui?*
- *Que natureza de ativos a empresa possui e gera?*
- *Qual é a disponibilidade em usar ativos existentes, ou futuramente gerados como garantia? (se for o caso).*
- *Como as decisões são tomadas e quem pode tomar que tipo de decisão?*
- *Como os principais processos estão organizados?*
- *Como a empresa está preparada em termos de tecnologia e sistemas?*
- *Como a empresa trata a informação sobre o negócio: como coleta, organização, guarda e disponibilização dessa informação?*
- *Qual é a situação da empresa perante todos os órgãos fiscalizadores e reguladores?*
- *Qual é a situação da empresa perante os seus colaboradores?*
- *Qual é a situação da empresa perante seus fornecedores?*
- *Qual é a situação da empresa perante bancos e outros credores?*
- *Qual é a situação da empresa diante de outros investidores já existentes?*
- *Se existem situações de risco que possam comprometer os ativos da empresa, quais são elas e que impacto podem ter para o negócio?*

A rigor, nesse tópico, o empreendedor comunicará, por um lado, porque os recursos materiais, financeiros e tecnológicos disponíveis na empresa são adequados para a realização do projeto proposto (com o apoio dos recursos demandados). Por outro lado, também afirmará que essa é uma organização confiável, organizada, cumpridora regular dos seus compromissos legais e, portanto, digna de crédito (ou investimento).

3. O QUE COMUNICAR – O EMPREENDEDOR LÍDER E A EQUIPE

Ao falar sobre si mesmo e sobre seu time, o empreendedor precisa comunicar que há alinhamento de intenção e motivação entre o empreendedor, sua equipe e o investidor em questão. Ele também deverá mostrar que há maturidade e capacidade de gestão e execução no time envolvido para entregar a proposta de valor especificada no projeto e atingir as metas estabelecidas dentro do prazo. Finalmente, precisará demonstrar que o empreendedor tem o perfil de liderança adequado para engajar e sustentar o time.

Nesse aspecto, as informações que podem vir a ser demandadas de modo formal ou informal são bastante variadas:

- *Quem é o empreendedor e quem são seus sócios?*
- *Quem faz parte do seu time principal?*
- *Qual é a história do empreendedor e qual é a história do seu time principal?*
- *Qual é a visão empreendedora desse grupo?*
- *Como o empreendedor atrai e retém as pessoas do seu time principal?*
- *Qual é a sua disposição e a do seu time principal para ceder e/ou dividir poder?*

- *Qual é a sua disposição e a do seu time principal para dar acesso às informações?*
- *Qual é a sua disposição e a do seu time principal para atuar com prazos e metas ousadas e com pressão?*
- *Qual é a situação do empreendedor e a do seu time principal perante os órgãos fiscalizadores e reguladores?*
- *Qual é a situação do empreendedor e a dos membros do time principal perante as instituições financeiras?*
- *Se existem situações de risco que possam comprometer os ativos da empresa, quais são elas e que impacto podem gerar?*
- *Que outros ativos o empreendedor e seus sócios possuem?*

Vale notar que o gestor financeiro terá uma equipe que o acompanha. Essas pessoas fazem a análise dos projetos apresentados. A atitude do empreendedor e de sua equipe para com esses analistas pode fazer diferença para essa investigação.

Ao planejar um projeto para captação, é importante definir quem cuidará dele em todos os seus detalhes. O empreendedor deve criar prioridades e ter senso de urgência. A forma como o processo é conduzido influenciará sua possibilidade de êxito.

B. COMO COMUNICAR?

Temos mostrado ao longo deste texto que o mundo financeiro tem uma terminologia própria, cheia de expressões em inglês. Elas devem ser conhecidas em alguma medida pelo empreendedor e utilizadas quando for o caso. Afinal, falar a língua do "outro" é sempre um princípio básico de qualquer negociação.

Além da terminologia, existem outros aspectos muito importantes a serem considerados pelo empreendedor quanto à forma de estruturar e apresentar seu projeto. Detalharemos os principais a seguir:

- **Clareza** - *É essencial ser claro no que comunica. Não complique;*
- **Amigabilidade** - *Faça uma apresentação que convide o leitor a entender o conteúdo e a navegar pelas informações de forma fácil e simples;*
- **Objetividade** - *Não enrole. Seja direto no que deseja comunicar;*
- **Consistência** - *No racional. Todos os tópicos do enredo precisam estar alinhados, em uma narrativa que possui começo, meio e fim. Não pode haver divergência, incongruência ou conflito entre dados, informações e argumentos;*
- **Beleza** - *Uma apresentação organizada, clara e visualmente bonita também é fundamental.*

Vale lembrar que o *info memo* é um documento que reunirá aspectos discutidos e consolidados ao longo do processo de negociação, embora apresentados de forma mais detalhada em termos de conteúdo. O agente financeiro observará a consistência ou não entre o discurso e o conteúdo desse documento.

Ele também servirá de suporte durante todo o processo de análise e avaliação. É importante ter certeza sobre o conteúdo que se desejou comunicar e garantir que a mensagem chegou de forma adequada ao seu destino.

CAPÍTULO 4

Acesso À Subvenção

Nem todos sabem, mas existem diversas fontes de recursos na forma de subvenção. Quando tratada como uma simples doação, essa operação pode ser definida de forma simples como uma ação que envolve a figura de um doador e de um beneficiário dos recursos. No entanto, a subvenção pode envolver formas híbridas, como o subsídio parcial, por exemplo.

O princípio mais geral dessa modalidade é a ideia de que o doador fornece recursos para o beneficiário, mas este não tem a obrigação formal de devolver os mesmos no futuro, oferecendo, porém, algum tipo de contrapartida para a sociedade. Suas obrigações estão relacionadas principalmente ao compromisso de executar um determinado projeto acordado entre as partes e atingir objetivos previamente definidos.

Em geral, a fonte de recursos — como agências governamentais, fundações ou ONGs — entende que o projeto tem algum significado relevante do ponto de vista social. Por exemplo, uma determinada agência pode apoiar uma *startup* de modo a garantir que a mesma desenvolva uma tecnologia que, na visão dessa agência, contribua para o desenvolvimento econômico do país em longo prazo. Ou, ainda, uma fundação privada pode optar por apoiar uma empresa que — na sua visão — desenvolveu um sistema inovador que teria o potencial de contribuir de modo importante para o avanço da educação no país.

Vale notar que, do ponto de vista operacional, um projeto desse tipo pode envolver diferentes tipos de compromisso (contrapartidas) por parte de quem o executa. Em geral, existem itens financiáveis e não financiáveis, bem como um cronograma de execução e a definição de metas a serem atingidas pelo projeto. Além disso, as agências públicas não costumam oferecer recursos para cobrir os gastos correntes de uma dada organização. Tais recursos são voltados, sobretudo, para investimentos em equipamentos, sendo que os eventuais gastos em pessoal podem ser cobertos apenas de forma limitada através de bolsas — as quais são destinadas a profissionais envolvidos no projeto que não tenham vínculo formal de emprego.

Existe também a figura do recurso da subvenção com retorno econômico para o doador. Essa modalidade envolve, em geral, a figura de uma agência de fomento e uma organização contemplada com recursos. Nesse caso, a agência que fornece recursos para o projeto corre o risco e tem retorno de duas formas possíveis: os recursos são devolvidos em condições de prazo e custo muito favoráveis em relação ao que existe no mercado. Ou a entidade recebe uma participação (*fee*) sobre a comercialização do produto, ou serviço criado, ou, ainda, recebe percentual dos *royalties*. Essas modalidades de financiamento são comuns no caso de agências públicas de apoio à pesquisa e inovação tecnológica, como a Finep e a Fapesp.

O Quadro 4.1, a seguir, descreve as principais modalidades de oferta de recursos na forma de subvenção. Podemos observar que ocorrem grandes variações no escopo de possibilidades existentes. A modalidade de subvenção que todo empreendedor gostaria — a subvenção plena com ampla liberdade do gestor do projeto empregar os recursos — é relativamente rara. Em geral, tais projetos envolvem um conjunto de regras administrativas importantes relacionadas à execução de gastos e prestação de contas e/ou a existência de contrapartidas econômicas, como o pagamento de *fee* ou *royalties*.[1]

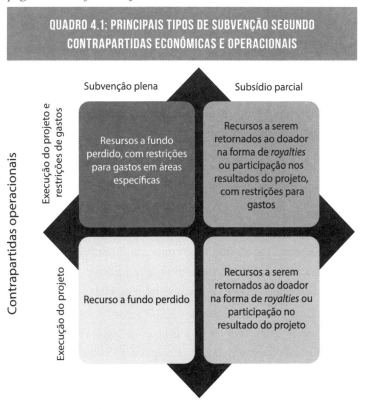

QUADRO 4.1: PRINCIPAIS TIPOS DE SUBVENÇÃO SEGUNDO CONTRAPARTIDAS ECONÔMICAS E OPERACIONAIS

___

[1] Não consideramos aqui a figura do crédito subsidiado, uma vez que a análise dessa modalidade de projeto foi detalhada no Capítulo 3, relacionada à captação de recursos via dívida.

Apesar de até parecer "gratuito" para o empreendedor, o recurso subvencionado vem acompanhado de custos importantes. Em primeiro lugar, existe a necessidade de executar o projeto como acordado com a agência doadora, o que pode implicar menor flexibilidade por parte da empresa em realizar ajustes de rota que o empreendedor julgar necessários, no desenho do produto ou no modelo de negócios, por exemplo. Como sabemos, flexibilidade e capacidade de adaptação constante são características essenciais de *startups* bem-sucedidas.

Em segundo lugar, projetos desse tipo costumam envolver a figura das contrapartidas. Nesse caso, a empresa proponente se compromete a alocar recursos específicos, como pessoal, espaço físico, equipamentos ou outros, de modo a complementar os recursos necessários para a execução do projeto proposto.

Em terceiro lugar, algumas dessas modalidades de subvenção envolvem um importante dispêndio de tempo e recursos em atividades burocráticas, tais como a prestação de contas, a elaboração de relatórios e a interação com consultores ou auditores da organização de fomento. Tudo isso consome tempo do empreendedor e de sua equipe e pode envolver gastos importantes.

Por fim, o empreendedor deve estar atento a regras burocráticas obscuras, que podem levar a problemas legais importantes no médio prazo. Por exemplo, determinadas agências demandam a devolução de equipamentos de informática financiados no modelo de subvenção, mesmo depois de muitos anos de uso. Não raro, tais equipamentos estão totalmente depreciados e inutilizáveis, mas têm que ser devolvidos sob a pena do empreendedor ter que devolver todos os recursos aportados.

Como diz o bordão, vale lembrar que "não existe almoço grátis" também no caso da subvenção. Os recursos parecem menos onerosos, mas acessá-los exige oferta de contrapartidas, disciplina e capacidade de execução por parte do empreendedor. Detalharemos a seguir as formas mais frequentes dessa modalidade de aporte de recursos, bem como refletiremos sobre o significado dessa modalidade para um determinado negócio, com foco em desenvolvimento, inovação e impacto social.

4.1. PRINCIPAIS FONTES DE SUBVENÇÃO

O universo de doadores de recursos na forma de subvenção é relativamente diversificado, podendo envolver organizações internacionais, como as grandes fundações que apoiam causas específicas; governos, através de sua ação direta ou de fundos soberanos; agências federais ou estaduais de fomento; e ONGs. Cada uma dessas organizações opera no âmbito de regras próprias, sendo muito importante conhecer em detalhes as características da organização e do tipo de recursos buscado antes de investir no processo de acesso ao recurso. Detalharemos a seguir as principais fontes de subvenção.

A. AGÊNCIAS PÚBLICAS DE FOMENTO OU FUNDOS DE AMPARO À PESQUISA

Agências públicas de fomento são as principais doadoras de recursos de subvenção no Brasil, tanto para empresas quanto para grupos de pesquisa ou pesquisadores isolados. Elas são, em geral, mais voltadas para projetos de cunho científico e tecnológico ou com impacto social em áreas específicas (como educação e saúde). Algumas das principais agências, como a Finep e a Fapesp, têm programas específicos voltados para diferentes setores e portes empresariais, inclusive empresas iniciantes.

Em geral, esses projetos são captados no âmbito de projetos que envolvem resposta a editais públicos. Esses editais são competitivos e envolvem modelos de proposta bem detalhados e específicos, tanto em termos de conteúdo, quanto em termos de documentação exigida. O projeto é selecionado por especialistas, identificados pela agência de fomento, que julgam os participantes do edital quanto ao mérito do projeto, sua viabilidade técnica e em relação à adequação dos recursos solicitados (Box 4.1).

BOX 4.1: SUBVENÇÃO EM AGÊNCIAS DE FOMENTO

Algumas das principais agências de fomento no Brasil tiveram sua origem no financiamento à pesquisa de natureza acadêmica. Por isso, a análise de projetos por parte dessas organizações continua a ter, em muitos casos, um "viés acadêmico" importante.

Se esse for o caso, o proponente precisará dominar minimamente a linguagem e a lógica de elaboração de um projeto desse tipo, que não raro precisará oferecer uma bibliografia científica que subsidie os argumentos apresentados, bem como sustentar a caracterização do projeto a ser executado como sendo uma "pesquisa".

E, embora tenha começado a ocorrer alguma flexibilização, a formação acadêmica e a titulação do time proponente pode fazer diferença no momento do julgamento da proposta.

Para fins contábeis, os recursos das agências de fomento não são usualmente lançados no balanço da organização receptora. Agências como a Fapesp e o CNPq, por exemplo, depositam os recursos da subvenção em uma conta-corrente em nome do "pesquisador principal", que será o responsável legal perante a agência de fomento pela gestão dos recursos, inclusive com comprovações periódicas dos gastos efetuados. Não raro, equipamentos adquiridos no âmbito do projeto continuam sendo propriedade da agência de fomento, tendo, em alguns casos, que ser devolvidos à doadora alguns anos após o término do projeto.

A rigor, a responsabilização, em termos individuais, tem a vantagem de isentar o projeto do pagamento de impostos de qualquer natureza, sendo tratados tributariamente de forma diferenciada. Por outro lado, o "pesquisador principal" torna-se o responsável legal diante da agência de fomento, podendo ser penalizado individualmente, caso a empresa em questão não cumpra os compromissos assumidos relacionados à execução da proposta. Evidentemente, isso pode implicar problemas importantes de governança, dependendo da organização e do pesquisador em questão (Box 4.2).

BOX 4.2: A FIGURA DO "PESQUISADOR PRINCIPAL"

Em agências de fomento, é comum uma empresa apresentar projetos através da figura de um "pesquisador principal", que será o responsável legal pela gestão dos recursos captados.

É essencial que a relação entre esse pesquisador e a empresa receptora do projeto seja muito clara e sólida, pois, por um lado, o pesquisador tem que estar seguro que a empresa será capaz de oferecer as contrapartidas necessárias à viabilização do projeto (espaço físico, apoio administrativo, acesso à informação, etc.). Por outro lado, a empresa tem que ter certeza que esse pesquisador se engajará efetivamente na execução do projeto e na sua gestão adequada.

Além disso, no caso desse tipo de fonte, é comum que tais recursos sejam vinculados a pacotes específicos de aquisições de equipamentos e/ou serviços, não podendo ser alocados para gastos de pessoal ou aluguéis, por exemplo. Além desses custos indiretos, tais projetos trazem um custo (implícito) importante em termos de gestão da documentação e dos aspectos burocráticos envolvidos.

E, como mencionado anteriormente, dependendo da modalidade de apoio, a empresa terá que compartilhar com a agência de fomento os lucros ou *royalties* auferidos pelo projeto em questão. Se esse for o caso, pode envolver significativa complexidade contábil, no sentido de se apurar efetivamente as receitas ou lucros envolvidos, por exemplo. Isolando a contabilidade das receitas e despesas geradas pelo projeto do restante das atividades operacionais da organização apoiada.

B. FUNDAÇÕES E ONGS

Mais recentemente, ONGs e fundações também passaram a financiar projetos de empresas iniciantes considerados como tendo, por exemplo, um impacto social significativo. Embora seja uma modalidade menos conhecida e menos acessada, esse tipo de recurso tem sido crescentemente utilizado nas áreas de educação, meio ambiente e tecnologia, por exemplo, para promover projetos considerados meritórios. Mas, que ainda não atingiram um estágio de maturidade suficiente para buscar recursos nas demais fontes de financiamento.

No Brasil, esse movimento ganhou um tamanho relativamente importante. Segundo o Censo GIFE, organização que reúne 130 fundações (ou organizações análogas) engajadas no chamado "investimento social privado", esse setor teria realizado um gasto global de 2,4 bilhões de reais em 2013, voltados principalmente para as áreas de educação, meio ambiente e saúde.[2]

Os principais beneficiários desses recursos são os projetos executados diretamente pelas próprias fundações, ou projetos de outras ONGs que entram no processo como executoras, tanto por solicita-

---

[2] Veja: http://www.gife.org.br/ogife.asp

ção direta da fundação em questão, quanto através de projetos não solicitados apresentados espontaneamente pela ONG. Em alguns casos, existem também programas de fomento a áreas específicas com captação de projetos através de processos concorrenciais.

Vale notar que, crescentemente, empresas — inclusive em estágio inicial — têm passado a competir por esses recursos. Nesse caso, o principal argumento utilizado no processo de captação diz respeito ao impacto social e/ou ambiental da proposta. Quanto mais claro for o impacto em questão, ou quanto melhores as evidências apresentadas de que esse impacto é significativo, maior a chance da empresa em questão receber o apoio demandado (Box 4.3).

BOX 4.3: IMPACTO DO PROJETO

Não é simples oferecer evidências robustas de que um determinado projeto tem impacto. Na literatura contemporânea da economia e das ciências sociais, essas evidências são obtidas através de estudos quantitativos baseados em modelos experimentais, que utilizam os chamados grupos de tratamento e controle.

A execução desse tipo de estudo pode ser cara, bem como pode levar um tempo significativo. No entanto, isso pode variar significativamente caso a caso, sendo que os projetos que envolvem meios digitais — como a internet — têm custos operacionais menores.

Em alguns casos, as fundações se interessam em financiar não o projeto em si, mas apenas a sua avaliação de impacto — no sentido de compreender se, de fato, uma dada iniciativa social é meritória. De todo modo, independentemente da existência de recursos para a avaliação, o mero planejamento dessa atividade pode ser útil.

Afinal, a reflexão sobre a natureza e a intensidade do impacto em questão costuma ser relevante para o próprio aprimoramento do projeto, o refinamento do modelo de negócios e dos "argumentos de venda" da iniciativa.

Outros aspectos também costumam ser relevantes no processo de decisão de fundações quanto ao apoio a uma determinada iniciativa. Alguns deles são os seguintes:

- *O projeto é capaz de atingir escala significativa em longo prazo. Esse é um aspecto importante, uma vez que o universo das ONGs é muito pulverizado, atuando frequentemente em escala local e beneficiando, não raro, apenas poucas dezenas ou centenas de pessoas. Em outras palavras, ser capaz de evidenciar a capacidade de ganhar escala nacional, ou internacional pode ter grande relevância na competição por recursos junto a essas fontes;*

- *O projeto é capaz de oferecer soluções inovadoras para políticas públicas. Isso é bastante comum, por exemplo, na área de educação. Nesse sentido, dominar a linguagem dessa política, bem como entender o papel dos principais atores e os problemas existentes na área, é essencial para uma "venda" bem-sucedida do projeto;*

- *O projeto tem uma comunicação eficiente dos resultados alcançados. Não raro, fundações estão engajadas em um debate público a respeito das melhores estratégias de enfrentamento dos problemas sociais. Além disso, costumam contar com figuras públicas de relevo em seu Conselho de Administração, como empresários e acadêmicos, por exemplo. Assim, uma comunicação de resultados eficiente, com repercussão na mídia, pode ser fundamental para assegurar aos apoiadores do projeto que a atividade terá mais chance de ser disseminada, podendo vir a ser escalada ou replicada em outras regiões do país.*

Em geral, o apoio em questão é aportado através de um contrato específico entre a fundação e a empresa beneficiada, com metas e objetivos acompanhados pelo doador. Os recursos podem ser mais livres em termos orçamentários do que os recursos oferecidos pelas agências de fomento, podendo ser alocados de forma flexível pelo empreendedor. Porém, ao contrário das agências de fomento, o escopo dos projetos financiados costuma ser mais limitado e os prazos envolvidos mais curtos.

Em termos contábeis, o mais comum é que tais recursos sejam aportados no caixa da empresa através da emissão de uma nota fiscal de serviços. Isso significa que, apesar de constituírem uma doação, observa-se a incidência de impostos. Esses recursos podem ser acessados tanto para o desenvolvimento de uma solução específica, quanto para a sustentação do projeto em seu estágio inicial.

Apesar dessas dificuldades, o acesso a recursos oriundos de fundações pode ser de grande valia, especialmente para empresas que desenvolvem soluções que têm como mercado prioritário o setor público — como é o comum nas áreas de saúde e educação, por exemplo. Em geral, o tempo necessário para efetuar vendas substanciais ao setor público (*go to market*) tende a ser bastante longo, atingindo até cinco anos em alguns casos.

Isso ocorre porque a elaboração de uma licitação específica para um determinado serviço inovador, por exemplo, pode requerer longo tempo de convencimento quanto ao mérito técnico-científico da iniciativa. Além disso, o próprio processo de licitação tende a ser longo, atingindo mais de um ano em alguns casos, bem como pode ser complexo em função de contestações judiciais.

C. GOVERNOS OU FUNDOS SOBERANOS

Alguns governos — inclusive através de seus fundos soberanos — fazem doações (similares às de ONGs ou fundações) a projetos de organizações privadas em países em desenvolvimento. Isso também ocorre no caso das agências multilaterais discutidas anteriormente, que podem querer apoiar a fundo perdido uma dada atividade de responsabilidade social julgada meritória, por exemplo. Embora sejam mais voltados para ONGs, tais recursos também podem ser aportados para empresas privadas em certas circunstâncias.

As doações de fundos soberanos são voltadas para iniciativas muito específicas, percebidas como tendo grande impacto social e/ou ambiental. Em geral, elas são destinadas a organizações mais estruturadas, que já tenham um histórico de serviços considerados relevantes e uma capacidade técnica comprovada.

Outra característica desses recursos é a exigência de uma contrapartida financeira na escala de um a um, isto é, para cada dólar doado, o executor do projeto tem que gastar um dólar adicional na sua execução. No entanto, tais contrapartidas não precisam necessariamente ser alocadas em espécie, podendo ser concretizadas na forma de cessão de espaço físico, horas de trabalho de funcionários e utilização de outros recursos internos à organização. Além disso, dependendo do volume de recursos doados, alguns fundos soberanos exigem comprovação detalhada do gasto de recursos e podem vir a submeter a organização receptora a auditorias externas específicas.

Além do aporte de recursos em si, para a empresa receptora, a grande vantagem de projetos desse tipo é a sua inserção em redes internacionais, que viabilizam o acesso a informações relacionadas a inovações técnicas e organizacionais em seu campo de atuação. Uma complexidade relevante no caso de empreendedores brasileiros é a exigência, em alguns casos, de que toda a documentação demandada pelo doador seja produzida em língua inglesa, o que também pode ocorrer no caso de visitas técnicas e auditorias.

Em termos contábeis, o mais comum é que doações desse tipo sejam tratadas como exportação de serviços. A empresa receptora emite uma nota fiscal internacional (*invoice*), recebe a transferência bancária internacional e contabiliza os recursos internamente como se fosse uma prestação de serviços. Essa forma também implica incidência de impostos.

Vale notar que essa modalidade de acesso a recursos é cada vez menos comum no Brasil, uma vez que o país — considerado de renda média — deixou de ser prioridade em termos de cooperação internacional para a grande maioria dessas agências. No entanto, ela ainda pode acontecer, sobretudo quando a doação tem sinergia com alguma forma de crédito ou investimento realizada pelo fundo soberano ou pela agência multilateral em questão. Cabe também ressaltar que fundações internacionais de caráter privado têm atuação semelhante e um papel mais ativo no Brasil, sobretudo nas regiões mais pobres do país e na Amazônia, em função do grande interesse dado à questão ambiental.

D. EMPRESAS PRIVADAS

Por fim, empresas privadas de grande porte também podem funcionar como doadoras. Isso ocorre, em geral, através das chamadas áreas de "responsabilidade social corporativa". Nesse caso, a empresa em questão identifica um projeto meritório, desenvolvido por uma empresa de menor porte, e o subvenciona diretamente. A lógica é semelhante às doações proporcionadas por ONGs e fundações, embora a subvenção em questão possa envolver — de modo mais explícito — aspectos relacionados às orientações estratégicas e aos interesses corporativos da empresa doadora de recursos.

Ao lado de projetos nas áreas de meio ambiente, saúde e educação, é comum serem apoiados projetos da área cultural, em função dos incentivos fiscais proporcionados pela Lei Rouanet, por exemplo, ou programas análogos existentes na esfera estadual (como o PROAC, de São Paulo). No entanto, vale notar que recursos de incentivo cultural são, por lei, executados por ONGs. Nesse caso, a empresa privada teria que se associar a uma organização desse tipo, funcionando como prestadora de serviços para a ONG gestora do projeto em questão.

Não raro, os projetos da área de responsabilidade social (ou de sustentabilidade) podem ser associados a outros campos da ação corporativa. Isso pode ocorrer no caso das iniciativas do marketing, que podem operar de modo articulado a ações de patrocínio cultural, por exemplo. O leque de exemplos é amplo, podendo incluir também atividades de apoio à mitigação do impacto socioambiental de uma organização em um determinado território, como no caso de uma mineradora ou usina hidrelétrica. Nesse caso, o mais comum é se tratarem de contrapartidas de natureza socioambiental, obrigatórias às também chamadas compensações ambientais, que a empresa em questão é obrigada a oferecer em cumprimento à legislação ambiental. Mas, empresas também fazem ações de responsabilidade social totalmente voluntárias, sendo que o setor educacional é um dos mais beneficiados por esse tipo de iniciativa.

Exceto no caso dos projetos de incentivo cultural, todas as doações desse tipo têm que ser contabilizadas como uma prestação de serviço convencional. E, na prática, elas se traduzem na execução de serviços de natureza diversa, que podem ser executados junto a comunidades de interesse da empresa, por exemplo.

4.2. O QUE TER EM MENTE NA CAPTAÇÃO DE SUBVENÇÕES

Embora possam parecer mais fáceis de captar, as subvenções podem envolver aspectos complexos, e a decisão de buscar uma doação deve ser bem pensada, pois envolve um investimento importante em termos de tempo e energia por parte do empreendedor.

Um primeiro aspecto central diz respeito à aderência entre o projeto a ser executado (para justificar a captação) e os objetivos de longo prazo da empresa. Embora recursos desse tipo possam ser úteis ao longo do processo de desenvolvimento de uma *startup*, esse é um ponto importante. Isso porque, no afã de captar recursos, não raro, empresas em estágio inicial se engajam na execução de projetos demandados por grandes organizações que, dadas as suas exigências técnicas e complexidade operacional, podem desviá-las do desenvolvimento da solução ou modelo de negócio que a *startup* se propôs a realizar inicialmente.

E, embora tais recursos possam viabilizar a empresa em curto prazo, podem também desviá-la de seu objetivo de longo prazo, com consequências sérias quando o projeto em questão terminar. Porém, se houver sinergia entre o projeto demandado e a trilha de desenvolvimento da empresa, projetos com esse formato podem ser de grande utilidade para organizações em seu estágio inicial.

Um segundo aspecto importante diz respeito à questão do enquadramento. A maior parte das fontes doadoras — sejam elas públicas ou privadas — adotam formatos rígidos em termos dos requisitos necessários à captação. O empreendedor nem deve começar o processo de captação se não tiver certeza que o seu projeto tem chance de ser enquadrado. Será perda de tempo. As subvenções também envolvem alguma contrapartida em termos da execução de um projeto, ou plano de trabalho, o que implicará em custos operacionais para o negócio que recebeu essa doação.

Algumas das principais regras de enquadramento são as seguintes:

- *Requisitos relacionados ao tipo de setor de atividade que a empresa se encontra. Existem fontes dedicadas especificamente a projetos na área de saúde, educação e meio ambiente, por exemplo;*

- *Requisitos relacionados ao estágio em que a empresa se encontra. Várias organizações preferem empresas com algum tempo de existência, oferecendo assim um mínimo de comprovação da sustentabilidade do projeto. Em geral, empresas iniciantes com poucos meses de existência terão mais dificuldade de acessar esse tipo de recurso;*

- *Regras relacionadas ao tipo de profissionais, tempo de dedicação e/ou condições técnicas oferecidas pelo negócio. Nesse caso, o doador quer garantir que o projeto será executado dentro de condições técnicas adequadas;*

- *Também podem existir regras específicas relacionadas ao coordenador do projeto. Sobretudo em áreas de tecnologia, podem ser demandadas formações específicas e até mesmo a presença de líderes de projeto com mestrado ou doutorado.*

Em terceiro lugar, muitas vezes, a captação terá que ocorrer no âmbito de processos de natureza competitiva, onde dezenas ou até mesmo centenas de empreendedores, buscarão acessar recursos limitados. Para concorrer, o empreendedor deve ter certeza que tem um bom argumento e que seu projeto é competitivo.

Nesse caso, existem consultores e empresas especializadas na elaboração de projetos de captação de recursos de subvenção que cobram por horas de consultoria e uma taxa de sucesso. Isso é relativamente comum no caso de projetos propostos junto à Finep, por exemplo, que tendem a ser mais complexos, dependendo da sua natureza. Vale notar, porém, que, em alguns casos, trata-se de empresas de consultoria de menor porte e tradição no mercado. Assim, o empreendedor deve se informar bem, antes de buscar esse tipo de apoio.

Em geral, a agência doadora de recursos costuma ter, como primeira preocupação, o desejo de assegurar que a empresa potencialmente receptora da subvenção tenha as condições operacionais e técnicas para a execução do projeto proposto. Para tanto, poderá buscar apoio junto a consultores externos que atuarão na forma de avaliadores, por exemplo.

Uma segunda preocupação central será buscar assegurar que o recurso oferecido seja efetivamente destinado à atividade-fim do projeto em questão. Uma vez que estão no interior das empresas, recursos podem ser alocados segundo outros critérios que não os acordados com a agência de fomento, por exemplo.

Uma forma muito comum de assegurar esse tipo de demanda é exigir um projeto bastante detalhado em termos de objetivos e metodologia a ser adotada, bem como em termos das especificações dos equipamentos e serviços a serem adquiridos pelo projeto. Isso visa a garantir que o que será adquirido seja efetivamente utilizado para o fim que foi proposto. No entanto, esse tipo de critério pode tornar a gestão do projeto mais complexa, bem como induzir custos para o empreendedor (Box 4.4).

> **BOX 4.4: OPERACIONALIZAÇÃO DE DOAÇÕES EM TERMOS ORGANIZACIONAIS**
>
> Como as doações são realizadas tendo como contrapartida a execução de um projeto específico, elas têm custos para a organização.
>
> Dependendo de suas características, a execução de determinado projeto pode ser deficitária, demandando do executor mais do que o volume de recursos orçados. Nesse sentido, projetos dessa natureza devem ser considerados contabilmente como uma prestação de serviços realizada pela organização, e o gestor deve adotar critérios de gestão de controle de custos adequados.

De fato, como discutido anteriormente, algumas fontes se recusam a financiar despesas com pessoal, focando sua atenção em apoiar as aquisições de equipamentos e serviços exigidas para a execução do projeto apresentado. Isso pode ser uma grande limitação, pois a organização financiada terá pouca flexibilidade para ajustar as rubricas de orçamento, ficando engessada pela obrigação de realizar gastos que podem se tornar rapidamente obsoletos no ambiente altamente fluido das *startups*, sobretudo as do setor de tecnologia, por exemplo (Quadro 4.2).

> **QUADRO 4.2: PEQUENO CASE DE CAPTAÇÃO DE SUBVENÇÃO**
>
> Temos contato com uma organização que, ao buscar um apoio desse tipo, foi induzida a comprar um servidor de grande porte, simplesmente porque a estrutura de orçamento do doador não permitia converter esses recursos em gastos com serviços de hospedagem de dados na nuvem. Esses últimos seriam, em tese, muito mais baratos e adequados ao perfil do empreendimento em questão. H.T. e M.G.

Finalmente, quando o dinheiro for captado, o empreendedor deve notar que os desembolsos serão associados a um conjunto de regras bastante específico, o que pode implicar importantes dificuldades, caso sejam violadas, envolvendo devolução de recursos e proibição do acesso a esse tipo de fonte. Muitos doadores também exigem relatórios detalhados relacionados à execução do projeto. E a renovação da doação será sujeita a processos de análise e até mesmo de auditoria em alguns casos. Não raro, recursos têm que ser devolvidos por não atendimento às normas acordadas no início do processo. Isso significa que as boas práticas relacionadas ao *compliance*, apresentadas no Capítulo 3, se aplicam igualmente nesse caso.

4.3. ROTEIRO DO PROJETO DE CAPTAÇÃO DE SUBVENÇÃO

Os roteiros de captação de recursos podem variar bastante segundo o tipo de organização em questão. Em alguns casos, eles podem ser bastante sofisticados em termos técnicos, demandando um projeto detalhado de natureza formal. Em outros, o projeto pode ser apresentado através de slides, sendo a sustentação oral da proposta, tão relevante quanto o detalhamento do conteúdo.

Além dos aspectos de clareza, amigabilidade, objetividade, consistência e beleza, já discutidos nos capítulos relacionados à captação de investimento ou de dívida, projetos de captação de subvenções têm que oferecer determinados conteúdos específicos. Para aprofundar esses aspectos, nos basearemos aqui no roteiro de captação de recursos do programa PIPE da Fapesp.[3]

---

[3] Veja: http://www.fapesp.br/4762

Utilizaremos esse modelo porque o PIPE consolidou um formato relativamente consistente e conciso de apresentação de projetos de captação de subvenção. Trata-se de uma iniciativa existente há mais de uma década e que já beneficiou um grande número de pequenas empresas de base tecnológica do Estado de São Paulo, inclusive aquelas em estágio inicial. O roteiro também tem servido de inspiração para outras agências de fomento, em sua estratégia de seleção de projetos. Mas, esse é apenas um dos formatos adotados, não sendo utilizado por todas as fontes de subvenção.

A. TÍTULO

Apesar de parecer um aspecto anedótico, um título sintético e comunicativo pode ser um aspecto importante para um projeto de captação de subvenção, apresentado no âmbito de um processo competitivo. De fato, vale sempre a pena lembrar que um projeto dessa natureza pode estar competindo com centenas de propostas análogas.

O proponente do projeto deve, portanto, gastar algum tempo para construir um título que defina a marca do projeto. Um bom título será capaz de destacar a relevância do projeto e despertar a memória do grupo responsável pela seleção de propostas.

B. RESUMO

Os resumos demandados em projetos dessa natureza costumam ser concisos e extremamente objetivos. Têm, em geral, não mais do que uma página, ou aproximadamente 500 palavras. A rigor, esse resumo deve ter toda a informação essencial para o entendimento do projeto.

Trata-se de uma seção estratégica, pois é o primeiro material que o avaliador ou a equipe de seleção lerá. Sendo realista, em processos de seleção envolvendo muitos participantes, pode ser a única seção que esse grupo terá condições de ler em profundidade.

Portanto, o resumo deve ser escrito com precisão e apuro, de modo a evidenciar ao máximo o domínio dos proponentes do projeto sobre o tema em questão, sem se prender, no entanto, a detalhes. Em geral, propostas desse tipo devem conter os seguintes conteúdos básicos:

- *Justificativa, ou evidências concretas que ressaltem a relevância do projeto;*
- *Objetivos;*
- *Plano operacional ou metodologia resumida;*
- *Principais resultados esperados;*
- *Impacto do projeto.*

Vale lembrar que, no âmbito de organizações internacionais, é comum a apresentação dos chamados projetos de uma página (*one page project proposals*).[4] Trata-se de documentos extremamente concisos, que buscam resumir os principais atributos de algum projeto em busca de financiamento. Nesse caso, funcionam como a primeira etapa no diálogo para captação de recursos, permitindo que o doador potencial julgue rapidamente o interesse que teria, ou não, pela proposta em questão, dando continuidade à negociação do projeto de modo mais detalhado em uma etapa posterior, se for o caso.

---

[4] Existem diversos templates com modelos de propostas desse tipo à disposição na internet.

Esses elementos indicam que produzir uma página resumo do projeto pode ser útil em qualquer circunstância. Além de ser um documento que auxilia o empreendedor a refinar e sintetizar os principais aspectos da iniciativa, ele pode ser utilizado de forma pragmática em uma primeira aproximação com uma nova fonte de recursos.

C. OBJETIVOS

Como o nome diz, a seção "objetivo do projeto" deve descrever de modo claro os fins a que se destina a atividade proposta pelo projeto em questão. Embora pareça simples, ter um objetivo claro, passível de ser resumido em poucas palavras, é um exercício de elaboração que pode tomar algum tempo e esforço por parte do empreendedor.

Além de enunciar o objetivo do projeto de forma sintética, também é necessário apresentar nessa seção argumentos sobre a relevância da proposta nos seguintes aspectos:

- *A oportunidade de negócios que o projeto coloca para a empresa proponente;*

- *A relevância mercadológica do projeto em termos do público-alvo a ser atingido e do significado esperado da proposta para esse público;*

- *A importância do projeto em termos de superação de algum tipo de desafio científico ou tecnológico (no caso das propostas que envolvam dimensões de inovação).*

Para organizações de fomento de tradição acadêmica, a seção de objetivos também deve discutir, em alguma medida, o chamado estado da arte da área de conhecimento em que o projeto está inserido. Nesse caso, é comum que a organização doadora demande uma revisão da literatura técnica e científica sobre o tema a ser desenvolvido. Essa revisão precisará conter informações suficientes para demonstrar que os proponentes conhecem o tema em profundidade, que o projeto proposto é viável e que o problema colocado pela proposta ainda não foi resolvido de forma satisfatória.

D. PLANO OPERACIONAL

O plano operacional é, em geral, a seção mais detalhada e extensa dos projetos dessa natureza. Deve descrever em detalhes as atividades a serem realizadas para que o projeto venha a ter sucesso. Esse plano pode ser dividido em diversas subseções, sendo que o mais típico são os seguintes aspectos:

- *Descrição dos desafios colocados pela proposta em questão;*
- *Descrição das atividades necessárias para que, ao longo do desenvolvimento do projeto, tais desafios sejam superados;*
- *Detalhamento da metodologia, experimentos, testes e/ou estudos necessários para que os desafios mencionados sejam vencidos;*
- *Detalhamento das incertezas envolvidas e das estratégias adotadas para superar tais incertezas;*
- *Cronograma das atividades propostas, com justificativa da sequência de eventos apresentada.*

Vale notar que esse plano será fortemente influenciado pela natureza do objetivo proposto. Alguns projetos podem exigir um plano operacional bastante específico e detalhado, com o refinamento técnico necessário para convencer a equipe de avaliação de que o time envolvido oferece uma proposta consistente e com chance de êxito.

E. MERCADO, CONCORRÊNCIA E POTENCIAL COMERCIAL DO PROJETO

Quando busca recursos em qualquer fonte, o empreendedor tem que demonstrar que conhece o mercado onde se encontra inserido. Qual é o tamanho desse mercado? Qual é o seu potencial de crescimento? Quem são os principais atores atuantes nesse mercado? Como a empresa se posiciona ou pretende se posicionar nele? Esses são alguns dos temas usualmente tratados nessa seção.

Ao longo de nossa experiência profissional, temos ouvido com frequência de empreendedores iniciantes o argumento de que o seu negócio não tem competidores. Como destacado anteriormente, sempre existem competidores de algum tipo, e identificá-los com precisão demonstra conhecimento e realismo por parte dos autores da proposta. É muito importante realizar um esforço de identificação desses principais competidores, mesmo daqueles que oferecem produtos similares aos propostos no projeto.

Outro aspecto de grande relevância a destacar, no caso de projetos de caráter comercial, é o potencial do produto proposto em termos econômicos. Nesse caso, é necessário discutir como e por que ele será capaz de tornar a empresa em questão mais competitiva. E como isso, a posicionará no mercado em relação à concorrência.

Tais informações devem ser documentadas em termos quantitativos sempre que possível, incluindo estimativas de tamanho de mercado, projeções de vendas e informações análogas, quando for o caso. Vale ainda lembrar que, ao realizar projeções, o empreendedor deve empregar premissas realistas e bem justificadas, aspecto que certamente será objeto de observação por parte do avaliador.

No caso de projetos voltados para ONGs ou áreas de responsabilidade social da empresa, também é preciso evidenciar que o projeto proposto é inédito de alguma maneira. Ou, ainda, é preciso destacar como ele difere de projetos análogos apresentados anteriormente por outras organizações.

F. INFORMAÇÕES SOBRE A EMPRESA

Essa também é uma seção presente em qualquer projeto de captação, como discutimos anteriormente. Além de descrever os aspectos administrativos básicos (razão social, proprietários, endereço, número de empregados e faturamento), o aspecto chave aqui é apresentar a experiência da organização, ou de seus sócios no desenvolvimento de projetos similares aos especificados pela proposta. Em outras palavras, é preciso demonstrar por que essa organização tem condições de se candidatar aos recursos em questão.

No caso de uma empresa em estágio inicial, a experiência pregressa dos sócios terá que ser mobilizada para justificar a experiência da organização. Além disso, o projeto deverá ser justificado em detalhes em termos das sinergias que o projeto tem com as atividades atuais da empresa e que atividades já foram realizadas em direção ao desenvolvimento do projeto proposto.

Além desses aspectos, os seguintes elementos também podem ser incluídos nessa seção:

- *Informações sobre a experiência da empresa em pesquisa e desenvolvimento, especialmente as relacionadas ao projeto em questão (se for o caso);*
- *Contrapartida da empresa em termos dos recursos alocados para o desenvolvimento do projeto (pessoal, aluguéis, despesas correntes, etc.);*
- *Iniciativas de prospecção de recursos para o projeto junto a outras fontes.*

G. EQUIPE ENGAJADA NO PROJETO

Por fim, a equipe será sempre um aspecto chave a ser destacado em qualquer atividade de prospecção. Em projetos de captação de recursos de subvenção, é essencial demonstrar dois aspectos principais. Primeiro, que os profissionais envolvidos têm experiência e condições técnicas suficientes para executar as atividades propostas no âmbito do projeto em questão.

Segundo, e não menos importante, é preciso demonstrar que esse grupo terá condições de dedicar uma carga horária adequada ao projeto. Isso é fundamental em projetos cuja contrapartida da empresa se dê na forma de horas de trabalho da equipe, uma vez que tal equipe deverá ser financiada através de outras fontes.

Em projetos apresentados em agências de fomento de tradição acadêmica, também será necessário apresentar evidências da experiência dos profissionais envolvidos no âmbito de publicações científicas, patentes e documentos análogos. Em geral, tais agências adotam currículos padronizados que devem ser preenchidos e apresentados pelo pesquisador principal e pelo time engajado no projeto.

ANEXO 1

Sugestão de roteiro para elaboração de plano de negócios

1. **Situação do mercado**

    Descrever os serviços/mercados;

    Para cada serviço/mercado, descrever:

    - Tamanho do mercado;
    - Barreira de entrada;
    - Crescimento esperado nos próximos cinco anos (tendências, determinantes de crescimento, etc.);
    - Principais concorrentes (nome, tamanho, serviços/mercados, modelo de negócios, pontos fortes e pontos fracos);
    - Margem bruta e margem operacional (EBITDA) média da indústria;
    - O negócio em países desenvolvidos (EUA e países da Europa), se for o caso;
    - Grau de informalidade.

2. **Análise da empresa – macro**
    - Breve histórico (ano de fundação, principais fatos relevantes, etc.);

- Descrição do posicionamento nos principais serviços (clientes-alvo, concorrentes, diferenciais, etc.);
- Filiais (estrutura, objetivo e número de funcionários);
- Principais clientes e contratos (cliente, serviço, datas de início e fim, valor, pessoal envolvido, investimento, prazos de cobrança e margem);
- Principais fornecedores e prazos de pagamento.

3. **Recursos humanos**
    - Curriculum simplificado dos diretores;
    - Organograma resumido;
    - Número de funcionários/colaboradores:
    - Percentual dos funcionários CLT, pessoas jurídicas, cooperados e estagiários.

4. **Situação econômico-financeira**
    - Receita bruta, líquida; margem bruta, EBITDA e lucro dos últimos três anos. Estimativa do ano corrente;
    - Investimentos dos últimos três anos. Estimativa do ano corrente;
    - Endividamentos (bancários, financiamentos, etc.);
    - Eventuais impostos atrasados, renegociados ou não;
    - Demandas judiciais (alguma trabalhista? De que ano?).

5. **Estratégia e plano de crescimento**
    - Principais estratégias de crescimento (clientes, serviços, etc.);
    - Projeções de DRE, balanço e fluxo de caixa nos próximos três anos (após o investimento);

- Possível reação dos concorrentes;
- Necessidade de desenvolvimento da equipe gerencial e de estrutura de apoio. Investimentos associados.

6. **Expectativa de aporte de recursos**
   - Valor estimado de recursos (R$);
   - Percentual referente ao aporte (no caso de equity);
   - Uso dos fundos (destino dos recursos);
   - Estratégia de saída.

ANEXO 2

Modelo de questionário para due diligence[1]

ORIENTAÇÕES GERAIS:

- *Uma due diligence é um processo de auditoria onde são verificados eventuais passivos preexistentes ou possíveis de ocorrerem devido a fatos anteriores. Esta avaliação depende tanto das relações mantidas pela empresa atualmente como no passado, assim também dos seus sócios. Os auditores analisarão que tipo de relacionamento a empresa e os sócios vêm mantendo com as diferentes esferas dos governos — municipal, estadual e federal —, fornecedores, financiadores, empregados, clientes e qualquer outro ator que a empresa tenha algum tipo de obrigação a cumprir;*

- *A melhor forma de utilizar este modelo é tentar sempre organizar e manter os documentos da empresa tendo em mente cada um dos pontos relacionados abaixo. Esta atitude preventiva e disciplinada pode ser bem oportuna e acelerar o processo de negociação caso exista uma oportunidade de investimento. Mas, a ocorrência fatual de uma oportunidade com um investidor, não dispensa uma análise mais detalhada do negócio por especialistas capacitados, como advogados e contadores;*

---

[1] Este material referente ao questionário sobre due diligence foi adaptado com comentários dos autores sobre o questionário original disponível no site *www.anjosdobrasil.net*, do Anjos do Brasil.

- Caso a empresa tenha algum apontamento ou dívida, não significa que o investimento não pode ser concretizado e será inviabilizado. Dependendo da natureza do risco que esse apontamento ou dívida gerar para o negócio, ou seja, dependendo da efetiva relevância e impacto para o negócio, o investidor considerará o fato em sua análise de precificação da oportunidade e poderá seguir adiante com as negociações.

LISTA DOS DOCUMENTOS A SEREM RELACIONADOS:

Os documentos clássicos solicitados são os que aparecem a seguir. Entretanto, à medida que a diligência vai acontecendo e dependendo do que os auditores forem encontrando, um pedido específico por documentos complementares, que detalhem o ponto encontrado, pode acontecer.

- Cópia simples do contrato social da empresa e das alterações realizadas. Se a empresa possuir em seu quadro societário uma outra empresa, também será necessário apresentar cópia simples do contrato social e alterações desta empresa sócia. Se alguns dos sócios atuais ou anteriores da empresa possuírem participação em alguma outra empresa, serão pedidos os contratos sociais das mesmas;
- Cópia simples do CNPJ, de todas as empresas cujos contratos sociais foram apresentados no ponto anterior;
- Cópias simples de todas as declarações entregues pela empresa nos últimos cinco anos (DIPJ, DIRF, DCTF, GIAS e afins). Veja como é importante a organização documental do passado da empresa. Como pela legislação brasileira o prazo de cinco anos define a prescrição de diversas obrigações, estar organizado em relação à história da empresa — o cumprimento destas

obrigações — ajudará na velocidade do processo. Muitas vezes o empreendedor não dá muita importância a esta ação/ organização. É importante que de tempos em tempos seja feito um "check up" junto ao contador para verificar se tudo está em ordem.

- *Cópias simples dos documentos dos sócios (RG, CPF e comprovante de residência) e curriculum vitae;*
- *Certidões negativas da Receita Federal, INSS, FGTS, Estadual, Municipal e dos Foros Federais, Estaduais e Trabalhistas. A existência de uma certidão positiva não quer dizer que a negociação não avançará. Apresentar um relatório complementar explicando as razões da certidão estar positiva acelerará o entendimento por parte dos auditores. O investidor irá considerar a relevância e impacto do tipo de risco envolvido para decidir se segue com a negociação. E no caso de não ser algo significativo a ponto de inviabilizar o processo, de que forma evoluir na negociação.*
- *Quadro societário da empresa, com nome completo dos sócios, percentual de participação na empresa e capital social total. Caso uma outra pessoa jurídica faça parte do quadro societário, os auditores pedirão informações mais detalhadas sobre esta empresa sócia, conforme especificado abaixo.*

QUESTIONÁRIO DUE DILIGENCE:

1. *Os sócios possuíram ou possuem participações em outras empresas? Se sim, relacionar as mesmas (sócio, %, razão social, CNPJ e datas de entrada/saída).*

2. *A empresa e/ou seus sócios e/ou outras empresas (incluindo anteriores) possuem passivos (dívidas/débitos)? Se sim, relacionar as mesmas (devedor, credor, origem do débito e valor).*

3. *Os sócios já tiveram participação em empresas que tenham entrado em recuperação judicial/falência/concordata? Se sim, relacionar as mesmas (empresa, situação e data).*

4. *Existe algum débito/crédito/mútuo entre a empresa e seus sócios ou terceiros? Se sim, relacionar (devedor/credor, valor, data e prazo).*

5. *Qual é o valor do faturamento mensal da empresa nos últimos 12 meses? (relacionar mês a mês)*

6. *Quantos prestadores de serviço e/ou funcionários a empresa tem atualmente e quantos já teve contratados? Informar quantos foram contratados no regime de CLT.*

7. *As empresas e/ou sócios foram e/ou são réus em alguma ação judicial? Se sim, relacionar (número do processo, autor, vara, objeto, data, valor e situação atual).*

8. *As empresas e/ou sócios foram e/ou são autores em alguma ação judicial? Se sim, relacionar (número do processo, réu, vara, objeto, data, valor e situação atual).*

9. *A empresa possui algum depósito de marca e/ou patente no INPI ou em qualquer organismo internacional equivalente? Se sim, relacionar (marca/patente, data do depósito e situação).*

10. É de conhecimento da empresa e/ou dos sócios quaisquer possíveis (mesmo que remotas) violações legais e/ou direitos de terceiros até o presente momento? Se sim, relacionar (observar que eventuais passivos que apareçam futuramente referentes até o momento atual que não sejam relacionados serão de exclusiva responsabilidade dos sócios atuais).

11. Relacionar todos os contratos vigentes que a empresa tenha com terceiros (nome das partes, data, prazo, valor e objeto).

12. Além dos contratos relacionados no item anterior, a empresa e/ou seus sócios têm algum compromisso/promessa (verbal e/ou escrito) perante terceiros que possa representar ônus para a mesma? Se sim, relacionar (nome da parte, objeto de compromisso, valor estimado e condições).

13. Relacionar todos os ativos (tangíveis e intangíveis) que a empresa possui atualmente.

14. Relacionar estado civil atual dos sócios, indicando regime de bens e principais bens (indicar se estão quitados ou financiados e, neste último caso, qual é o prazo restante).

15. Relacionar as principais despesas (fixas e variáveis) mensais que a empresa tem atualmente.

16. Relacionar as principais receitas (fixas e variáveis) mensais que a empresa tem atualmente.

17. Relacionar os bancos, agências e contas corrente da empresa.

18. Relacionar os principais fornecedores que tenham representado, no total, 90% das despesas dos últimos 12 meses (razão social, CNPJ e valor total fornecido nos últimos 12 meses, mês a mês).

19. Relacionar os principais clientes que tenham representado, no total, 90% das receitas dos últimos 12 meses (razão social, CNPJ e valor total faturado nos últimos 12 meses, mês a mês).

ANEXO 3

Soluções oferecidas pelo BNDES

OPÇÕES DE ACESSO A RECURSOS

O Banco pode apoiar o setor empresarial de três formas:

- *Financiamento direto — o empreendedor acessa o BNDES diretamente;*
- *Financiamento indireto — o empreendedor acessa via agente financeiro repassador (bancos);*
- *Investimento em participação acionária direta nas empresas, ou via fundo de investimento próprio ou gerido por terceiros (um exemplo é o fundo Criatec I, em que o BNDES tinha 80% dos recursos).*

Sugiro que navegue no site www.bndes.gov.br e clique em "Mais BNDES", que te permitirá explorar quais são as alternativas de financiamento aderentes para a sua empresa, à medida que você for interagindo e respondendo as questões apresentadas.

FINANCIAMENTO DIRETO:

Não é o mais indicado para micro e pequenas empresas, pois o patamar mínimo de investimento é de R$20MM (vinte milhões de reais) para projetos.

Há uma exceção para projetos de inovação, dada pela linha BNDES Inovação, que atende diretamente empresas de qualquer porte, mas o valor mínimo para uma operação via essa alternativa está hoje em R$1MM (um milhão de reais), o que, na prática, exclui empresas que não têm estrutura patrimonial necessária para viabilizar a operação. Nesse caso, microempresas até conseguem, quando possuem um grupo econômico mais forte amparando, fornecendo as garantias necessárias.

Uma análise de pedido de financiamento direto ao BNDES pode levar até 180 dias. O modelo de roteiro de projeto de investimentos apresentado neste manual serve como linha mestra para o que será pedido pelo BNDES. Além disso, o próprio BNDES disponibiliza via site os modelos de planilhas de projeções e informações financeiras necessárias para dar início ao processo de análise.

FINANCIAMENTO INDIRETO:

É o mais indicado para micro e pequenas empresas.

Não há valor mínimo. O valor máximo é de R$20MM (vinte milhões de reais).

O acesso deve ser feito via qualquer banco repassador de linhas do BNDES (informação encontrada no site do BNDES) com que o empreendedor consiga aprovar um limite de crédito para essa finalidade.

Nesse caso, a decisão é do agente financeiro, que normalmente fornece para o empreendedor interessado na linha BNDES um roteiro de informações que deve ser preenchido e uma planilha para os dados financeiros de projeção e da empresa. Se você for capaz de preencher o modelo de roteiro de projetos de investimentos deste material, estará apto a preencher o fornecido pelo banco repassador.

O prazo do BNDES para dar uma resposta sobre a aprovação do pedido de crédito é de 30 dias após o agente financeiro entregar todos os documentos exigidos. O tempo total entre o seu pedido e a resposta final dependerá do tempo de preparo das informações, que depende parte de você e parte do agente repassador.

1. PRINCIPAIS PRODUTOS

Se você digitar no site na parte de busca, encontrará maiores detalhes sobre tudo o que está em negrito.

CARTÃO BNDES:

Para aquisição de bens e insumos para produção e serviços de inovação. Todos os fornecedores devem estar credenciados no BNDES. Usa bandeira VISA e as aquisições são feitas via portal do BNDES, nos fornecedores credenciados. Pode pagar em até 48 prestações com taxa de juros fixa. Vários bancos são emissores do cartão e uma empresa pode ter quantos cartões cada banco aprovar emitir para ela. O limite máximo por cartão é de R$1MM (um milhão de reais). O crédito é rotativo, ou seja, à medida que você paga, o limite do cartão é recomposto. A transação precisa ser cadastrada no site www.cartaobndes.gov.br (normalmente o fornecedor faz isso). O agente financeiro aprovando o crédito para a empresa, a aprovação do BNDES é automática.

FINAME:

Linha de financiamento para aquisição de máquinas e equipamentos (deve estar credenciada no BNDES).

BNDES AUTOMÁTICO:

Apoio a projetos de investimento e/ou capital de giro via agente financeiro.

O apoio à inovação também existe e pode ser feito dentro do próprio BNDES Automático, ou através de um produto específico do banco chamado MPME Inovadora.

MPME INOVADORA:

É mais flexível na garantia exigida, mas, para acessar essa linha, alguns critérios precisam ser atingidos, como já ter tido o apoio de algum fundo de investimento, ou estar dentro de um parque tecnológico, por exemplo. É uma linha bem subsidiada, com taxas de juros muito baixas.

O banco normalmente exige garantias reais e pessoais, mas, se não for possível, uma opção para a empresa é pagar um pouco a mais e acessar um produto do BNDES que garante até 80% do valor pretendido (chamado BNDES FGI).

BNDES FGI:

É um fundo garantidor de investimentos para empresas. A decisão de conceder acesso ou não ao BNDES FGI é do agente financeiro repassador com o qual você negociará. No entanto, nem todo agente financeiro repassador opera com o BNDES FGI. Há que se informar no site do BNDES sobre quais são os agentes que operam esse produto.

2. EMPRESA

Para acessar o BNDES, a empresa deve ter CNPJ formalizado e válido e as CNDs (Certidões Negativas de Débito) com prazo máximo de 90 dias (FGTS, INSS e todas as fiscais).

Também deve fornecer as demonstrações financeiras: BP (Balanço Patrimonial) e DRE (Demonstrativos de Resultado).

Por fim, deve buscar o agente financeiro da sua confiança e solicitar a linha.

3. INVESTIMENTO EM PARTICIPAÇÃO ACIONÁRIA

A classificação utilizada atualmente pelo BNDES para definir o porte da empresa é:

- *Micro – faturamento anual de até R$2.4MM (dois milhões e quatrocentos mil reais);*
- *Pequena – faturamento anual entre R$2.4MM e R$16MM;*
- *Média – faturamento anual entre R$16MM e R$90MM;*
- *Grande – faturamento anual acima de R$90MM.*

Em geral, o banco estipula o volume de R$100MM de faturamento mínimo para considerar a possibilidade de um investimento direto (*equity*). Abaixo desse piso, o banco opera via fundos de investimento operados por agentes.

O fundo mais indicado para empresas em estágios iniciais é o fundo de capital semente chamado Criatec, que apoia empresas de zero a R$10MM. Tem foco nos setores de biotecnologia, nanotecnologia e novos materiais prioritários e busca oportunidade de crescimento rápido.

Normalmente, ao decidir investir, são feitos três aportes faseados. Um primeiro de R$2.5MM e mais dois de R$3.5MM cada um.

O fundo em operação hoje é o **Criatec 2**, que é operado pelo gestor Bozano Invest. O site do **Criatec 2** estará no ar em breve (entre no site do BNDES e busque **Criatec 2**).Para entrar em contato com o gestor, o e-mail é criatec2@bozanoinvest.com. Além de recursos financeiros, é um fundo que também tem o propósito de prover gestão.

O **Criatec 2** tem previsão de dez anos e capitalização de R$186MM, com aportes do BNDES, BNB, BRB, BDMG e BRSUL. Os quatro primeiros anos são para realizar os investimentos. A forma de saída será previamente combinada: aquisição por estratégico, recompra pelo próprio sócio ou outras.

Além do **Criatec 2**, existem também dois outros **fundos para inovação em tecnologia limpa** — para empresas com faturamento de até R$20MM.

E está em processo de formatação o **Criatec 3**. Fique atento.

Veja no guia de **inovação** do banco o consolidado com todos os produtos.

Quando o propósito da captação for financiar a inovação, o que o BNDES busca é que a inovação esteja no centro da estratégia e que a empresa tenha a inovação como motor contínuo. A meta maior é elevar a competitividade da empresa brasileira.

ANEXO 4

Links Interessantes

SUGESTÕES DE SITES SOBRE ACELERADORAS, INCUBADORAS, INVESTIDORES ANJO, VENTURE CAPITAL E PRIVATE EQUITY:

www.abstartups.com.br | Associação Brasileira de Startups

www.abvcap.com.br | ABVCAP – Associação Brasileira de Private Equity e Venture Capital

www.anjosdobrasil.net | Anjos do Brasil

www.anprotec.org.br | Associação Nacional de Entidades Promotoras de Investimentos Inovadores (incubadoras)

www.artemisia.org.br | Artemisia (aceleradora de negócios de impacto social)

www.empea.org | Emerging Markets Private Equity Association

www.igc-partners.com | IGC PARTNERS (boutique de M&A)

www.movinvestimentos.com.br | Fundo de investimento em negócios de impacto

www.sitawi.net | SITAWI – Finanças do Bem

www.ventureforum.com.br | Plataforma da ABVCAP (janela para apresentar seu negócio)

SUGESTÕES DE SITES SOBRE CROWDFUNDING/CROWDEQUITY:

www.catarse.me | Veja também a pesquisa da Catarse Crowdfunding sobre o setor no Brasil

www.broota.com.br | BROOTA (plataforma de crowdequity)

www.eqseed.com.br | EQSEED (plataforma de crowdequity)

www.eusocio.com.br | EUSOCIO (plataforma de crowdequity)

SUGESTÕES DE SITES SOBRE BANCOS COMERCIAIS E CRÉDITO:

www.bancodobrasil.com.br | Banco do Brasil

www.bradesco.com.br | Banco Bradesco

www.cef.gov.br | CEF – Caixa Econômica Federal

www.itau.com.br | Itaú Unibanco

www.intoo.com.br | INTOO (plataforma de crédito para micro, pequenas e médias empresas)

SUGESTÕES DE SITES SOBRE BANCOS DE FOMENTO E ORGANISMOS MULTILATERAIS:

www.iadb.org | BID – Banco Interamericano de Desenvolvimento (busque OMJ – Oportunidades para a Maioria)

www.bndes.gov.br | BNDES – Banco Nacional de Desenvolvimento Econômico e Social

www.cartaobndes.gov.br | Cartão de crédito do BNDES para micro e pequenas empresas

www.ifc.org/portuguese | IFC – International Finance Corporation/World Bank

SUGESTÕES DE SITES SOBRE RECURSOS DE SUBVENÇÃO:

www.agenciadefomentopaulista.com.br | Desenvolve SP – Agência de Desenvolvimento Paulista

www.fapesp.br | Fapesp – Fundação de Amparo à Pesquisa do Estado de São Paulo

www.fapemig.br | FAPEMIG – Fundação de Amparo à Pesquisa do Estado de Minas Gerais

www.faperj.br | FAPERJ – Fundação de Amparo à Pesquisa do Estado do Rio de Janeiro

www.finep.gov.br | Finep – Inovação e Pesquisa

SUGESTÕES DE SITES SOBRE REGULADORES:

www.cvm.gov.br | CVM – Comissão de Valores Mobiliários

www.bcb.gov.br | Banco Central do Brasil

SUGESTÕES DE SITES SOBRE INFLUENCIADORES, FORMADORES DE OPINIÃO E FACILITADORES DO ECOSSISTEMA:

www.aspeninstitute.org | Aspen Institute/ANDE

www.endeavor.org.br | Endeavor Brasil

www.giirs.org | Global Impact Investing Rating System

www.sebrae.com.br | Sebrae

www.sistemab.org | Sistema B

www.thegiin.org | Global Impact Investing Network

BIBLIOGRAFIA

BARKI, Edgard; IZZO, Daniel; TORRES, Haroldo; AGUIAR, Luciana (orgs). **Negócios com impacto social no Brasil**. São Paulo: Peirópolis, 2013.

BLANK, Steve; DORF, Bob. **Startup – manual do empreendedor**. Rio de Janeiro: Editora Alta Books, 2014.

BLANK, Steve. **The four steps to epiphany: successful strategies for products that win**. San Diego: K&Ranch Press, 2007.

CAMPBELL, Joseph. **O herói de mil faces**. São Paulo: Editora Pensamento, 2014.

CASTRO, Alfredo. **Storytelling para resultados: como usar histórias no ambiente empresarial**. Editora Qualitymark, 2011.

COPELAND, Tom; ANTIKAROV, Vladimir. **Opções reais: um novo paradigma para reinventar a avaliação de investimentos**. Rio de Janeiro: Editora Campus, 2002.

COPELAND, Tom; KOLLER, Tim; MURRIN, Jack. **Avaliação de empresas – valuation**. Editora Makron Books.

DENGEN, Ronaldo Jean. **Empreendedor: empreender como opção de carreira**. São Paulo: Pearson Prentice Hall, 2009.

DOLABELA, Fernando; GORINI, Marco. **Empreendedorismo na base da pirâmide – a história de um intraempreendedor** desafios e aprendizados. Rio de Janeiro: Editora Alta Books, 2013.

DOLABELA, Fernando. **Oficina do empreendedor**. São Paulo: Editora Sextante, 2008.

DOLABELA, Fernando. **Pedagogia empreendedora**. São Paulo: Editora de Cultura, 2003.

DOLABELA, Fernando. **O segredo de Luísa**. São Paulo: Editora Sextante, 1999.

DORNELAS, José Carlos Assis. **Empreendedorismo: transformando ideias em negócios**. Rio de Janeiro: Elsevier, 2012.

DORF, Bob; BLANK, Steve. **Startup — O manual do empreendedor. O guia passo a passo para constuir uma grande empresa**. Rio de Janeiro: Editora Alta Books, 2014.

FORTUNA, Eduardo. **Mercado financeiro – produtos e serviços**. São Paulo: Editora Qualitymark, 2008.

GOLEMAN, Daniel. **Foco – a atenção e seu papel fundamental para o sucesso**. Rio de Janeiro: Editora Objetiva, 2014.

KAWASAKI, Guy. **A arte do começo**. São Paulo: Editora Best Seller, 2011.

JAWORSKI, Joseph. **Sincronicidade – caminho interior para a liderança**. São Paulo: Editora Nova Cultural, 2003.

KIM, W. Chan; MAUBORGNE, Renée. **A estratégia do oceano azul: como criar mais mercado e tornar a concorrência irrelevante**. Rio de Janeiro: Editora Campus, 2007.

NAGER, Marc; NELSEN, Clint; NOUYRIGAT, Franck. **Startup weekend: como levar uma empresa do conceito à criação em 54 horas.** Rio de Janeiro: Editora Alta Books, 2013.

OSTERWALDER, Alexander; PIGNEUR, Yves. **Business model generation: inovação em modelos de negócios.** Rio de Janeiro: Editora Alta Books, 2011.

RIES, Eric. **A startup enxuta: como os empreendedores atuais utilizam a inovação contínua para criar empresas extremamente bem-sucedidas.** São Paulo: Editora LeYa, 2012.

ROSSI, Luiz Egydio Malamud. **Manual de private equity e venture capital: passos para atração de investidores e alocação de recursos.** São Paulo: Editora Atlas, 2010.

SCHARMER, Otto. **Teoria U: como liderar pela percepção e realização do futuro emergente.** Rio de Janeiro: Editora Campus, 2010.

SCHARMER, Otto; KAUFER, Katrin. **Liderar a partir do futuro que emerge: a evolução do sistema econômico egocêntrico para o ecocêntrico.** Rio de Janeiro: Elsevier, 2014.

SENGE, Peter. **A quinta disciplina: arte e prática da organização que aprende.** São Paulo: Editora Best Seller, 2009.

SENGE, Peter et al. **Presença: propósito humano e o campo do futuro.** São Paulo: Editora Cultrix, 2007.

GLOSSÁRIO
Termos Utilizados na Captação de Recursos

Aceleradora: organização que oferece um programa de capacitação para estimular empreendedores a desenvolver novos modelos de receita e refinar seu modelo de negócio. Em geral, os programas desenvolvem estratégias de aprendizado coletivo envolvendo empreendedores, mentores e potenciais investidores.

Agente estruturador: especialista em operações de captação de recursos e/ou de fusões e aquisições que auxilia uma empresa durante um processo de captação (aplica-se a negócios de médio e grande porte).

Amortização: pagamento dos juros e do principal de um empréstimo bancário. O prazo de amortização diz respeito ao período a partir do qual os pagamentos de um dado empréstimo serão efetuados, conforme o contrato entre as partes.

Assimetria de informação: contexto em que alguns agentes econômicos dispõem de mais informação sobre um determinado tema do que os demais, levando a distorções de mercado.

Ativo: algum tipo de recurso com valor econômico que uma empresa ou indivíduo possui e cujo controle pode proporcionar benefícios no futuro.

Avaliação de impacto: atividade que analisa as consequências sociais e ambientais, positivas e negativas, de projetos ou empreendimentos.

Capital próprio (bootstrap): capital de risco de uma organização iniciante, disponibilizado pelo próprio empreendedor ou pela geração de caixa inicial da empresa. O conceito de *bootstrap* é mais aplicado aos casos em que o próprio investidor financia o seu negócio em seu estágio inicial.

Capital semente: capital constituído por recursos de terceiros, destinado a apoiar uma empresa em seu estágio embrionário. As principais formas de oferta de capital semente são viabilizadas por meio de incubadoras, aceleradoras e investidores anjo.

Captação: obtenção de recursos de terceiros para apoiar o desenvolvimento de uma empresa, podendo ser na forma de dívida, investimento ou subvenção.

Carta de intenções ou LOI (letter of intentions): documento que declara as intenções de um empreendedor e um investidor firmarem um acordo de investimento, podendo estipular certas premissas para o avanço das negociações, como exclusividade, por exemplo.

Cocriação: estratégia de colaboração entre parceiros para criar valor para a sociedade como um todo ou para um projeto específico – por exemplo, por meio do compartilhamento de recursos ou da administração coletiva do projeto.

Compliance (conformidade de informações e processos): garantia de cumprimento de obrigações legais que, em captação de recursos, traduz-se pela obrigação do empreendedor oferecer (para o agente financeiro) informações sobre a empresa, conforme acordado previamente em contrato.

Contrapartida: compromisso assumido pelo captador de recursos de desenvolver determinadas atividades ou realizar dispêndio de gastos como condição para o desembolso dos recursos compromissados. No caso de empréstimos bancários, pode envolver a preferência dada a uma casa bancária na aquisição de determinados serviços (como a gestão da folha de pagamento).

Contrato de confidencialidade ou NDA (Non-disclosure agreement): documento assinado entre empreendedor e investidor potencial, estipulando regras para a circulação da informação obtida entre as partes durante o processo de negociação.

Covenant: condição determinada em contrato, onde o tomador de recursos se compromete com metas associadas ao desempenho de indicadores (financeiros, por exemplo). Caso não sejam atingidas, podem ocorrer penalidades, como o resgate imediato dos recursos emprestados.

Crowdfunding: estratégia de financiamento coletivo de um projeto ou empreendimento, onde o empreendedor levanta recursos a partir de um grande número de pessoas, normalmente por meio de uma plataforma da internet. Essa estratégia pode ser utilizada tanto para a captação de dívida, quanto para investimento.

Diligência (due diligence): auditoria detalhada dos negócios da empresa, usualmente considerada condição para a recepção de investimento ou dívida (no caso de transações de maior porte).

Dívida: recursos que um indivíduo ou empresa capta junto a terceiros, envolvendo o compromisso de pagamento futuro, em geral, mediante o retorno do principal acrescido do pagamento de juros.

Drag along: cláusula contratual que obriga um sócio minoritário a acompanhar o majoritário no caso da venda da organização. Em outras palavras, essa regra limita o direito de um minoritário vetar uma negociação e tentar continuar na sociedade, sem a anuência do comprador.

Earn out: cláusula contratual que define metas a serem atingidas em determinados prazos e que, se atingidas, influenciarão o *valuation* original, gerando aportes do investidor adicionais, sem mudança do seu percentual de participação.

Ecossistema financeiro: ambiente em que são realizadas as transações financeiras em um dado país, constituído por bancos, agências regulatórias, bolsas de valores, fundos de investimentos, consultores de investimento, escritórios especializados em fusões e aquisições, escritórios de advocacia e empresas, entre outros.

Factoring: empresas que operam adquirindo recebíveis com vencimento futuro (como cheques pré-datados), adiantando recursos à vista para a empresa detentora desses títulos.

Feedback: resposta ou retorno que o empreendedor recebe (por exemplo, de agentes no mercado financeiro) para suas propostas de negócio.

Fundos de *private equity*: fundos de investimento voltados para negócios de risco intermediário (em geral, empresas de médio porte) percebidos como organizações lucrativas, com um modelo de negócio consolidado e um fluxo de caixa estável, e que apresentam alto potencial de ganhar mercado adicional.

Fundos de *venture capital*: fundos de investimento voltados para negócios de risco elevado, geralmente investindo em startups percebidas como sendo mais estruturadas e que apresentam um modelo de negócio considerado muito promissor.

Garantias: compromisso assumido por parte de um tomador de empréstimo para disponibilizar recursos ou bens físicos (como veículos e imóveis) caso uma determinada dívida não seja honrada segundo os critérios acordados entre as partes.

Governança: regras de relacionamento entre os sócios dentro de uma empresa e da empresa com seus funcionários, fornecedores e a sociedade em geral.

História do negócio (storyline): estrutura da narrativa utilizada pelo empreendedor para descrever as diferentes etapas de seu projeto ou plano de negócios, a ser apresentada a eventuais investidores.

Horizonte temporal (timing): tempo necessário para a realização de um processo de captação de recursos, incluindo o processo de seleção de fontes, planejamento da captação, negociação e captação.

IPO (initial public offer): captação de recursos por meio do lançamento de ações na bolsa de valores.

Incubadora: organização, geralmente ligada a universidades, que auxilia no desenvolvimento de *startups* de base tecnológica. Em geral, oferece suporte gerencial e de formação, além de prover espaço físico.

Investidor anjo: pessoa física que dispõe de recursos e se propõe a financiar *startups* em troca de participação no capital dessa empresa.

Investimento (equity): recursos que uma empresa capta junto a terceiros, envolvendo a cessão de participação na propriedade dessa empresa, na forma de cotas de capital ou ações.

Info memo: documento que especifica as informações necessárias a um processo de captação (dívida ou investimento), sendo, em geral, baseado em modelo ou plano de negócios.

Mandato de venda: contrato que regula a relação entre o empreendedor e um agente estruturador contratado para apoiar a captação de recursos.

Mentoria (mentoring): ação de apoio a empreendedores iniciantes para transferência de conhecimento, realizada por empreendedores mais experientes ou especialistas de diversas áreas de negócios.

Microcrédito: modalidade de crédito voltado para pequenos empreendedores formais ou informais. Em geral, envolve o empréstimo de quantias pequenas a juros preferenciais e sem a oferta de garantias.

Modelo de negócios: modelo executado pela empresa que lhe permite gerar receita e chegar ao lucro, incluindo atividades envolvidas no negócio, entendimento do mercado de atuação e descrição dos processos financeiros e operacionais.

Network: rede de relacionamentos pessoal, externa à empresa, que o empreendedor pode acionar dependendo de suas necessidades e objetivos.

Non-compete: regra contratual que obriga um sócio, ao sair de um negócio, a não competir naquela área de negócios por um dado período de tempo.

One page project proposal: documento extremamente conciso que busca sintetizar em uma página os principais atributos de um projeto em busca de financiamento.

Partes relacionadas: cláusula contratual que veda a relação da empresa com partes relacionadas a algum dos sócios, como parentes fora do negócio, por exemplo.

Pitch: pequena apresentação verbal (com ou sem material de apoio) realizada por um empreendedor sobre o propósito do seu negócio, visando à captação de recursos.

Proposta de valor: capacidade de um produto ou serviço satisfazer as necessidades (tangíveis ou intangíveis) de alguém, comparada ao preço e ao esforço que essa pessoa terá que fazer para obter esse produto ou serviço.

Put option: regra contratual que dá a um determinado investidor o direito de vender suas cotas em uma empresa a um dado preço em uma data determinada. Trata-se de uma garantia que o investidor pode requerer para recuperar o seu capital a um dado valor, independentemente do desempenho da empresa em questão.

Road show: etapa do processo de captação de recursos que envolve a abordagem de prováveis investidores e a apresentação da oportunidade de negócio.

Spread bancário: diferença entre a taxa de um empréstimo para o tomador e a taxa de captação do agente financeiro no mercado. Em geral, inclui impostos, custos operacionais, taxa de risco relacionada ao nível de inadimplência e margem de lucro do agente financeiro.

Startup: empresa em estágio inicial, normalmente em fase de desenvolvimento de seu modelo de negócios e em busca de recursos de terceiros para a expansão da operação em questão.

Subvenção: recursos que indivíduo ou empresa capta junto a terceiros, envolvendo doação total ou parcial de recursos mediante contrapartidas.

Tag along: regra contratual que permite ao acionista minoritário vender suas cotas ao mesmo preço acordado em uma transação realizada entre o acionista majoritário e um eventual comprador.

Taxas de serviço: custos que uma instituição financeira cobra para transacionar com seus clientes.

Term sheet: documento assinado entre empreendedor e investidor, descrevendo em detalhes as condições de um acordo negociado entre as partes. Essas condições serão formalizadas em um contrato de compra e venda, quando do fechamento do processo.

Tese de investimento: define as características e o perfil de investimento que o gestor de um fundo está disposto a examinar, refletindo o que essa organização deseja fazer em termos de alocação de recursos.

Valuation: terminologia utilizada no mercado financeiro para as metodologias que buscam atribuir um valor a uma dada empresa em um determinado momento.

Volume: montante de recursos que uma organização precisa captar versus o limite de crédito disponível junto a um dado agente financeiro.

ÍNDICE

A

Aceleradora, 41, 89
    organizações aceleradoras, 50

Agências públicas de fomento, 139
    Recurso, 165

Agente
    estruturador, 116
    financeiro, XIX, 5, 100
    do setor financeiro, 24

amortização, 64

ampliação de network, 92

aporte, 47, 80, 107

área de Internet, 33

argumento de investimento, 100

aspectos financeiros, 20

assimetria de informação, XIII

atitude, XV, 2, 125

ativo, VIII, 10, 118

atratividade do segmento, 32

auditoria externa, 105

avaliação de impacto, 143

B

Banco
    Central, 48, 63, 73
    da Amazônia, 57
    do Brasil, 57
    do Nordeste, 49, 57
    Mundial, 59
    comerciais, 48, 53, 66
    de atacado, 54

de Fomento, 57
de negócio, 54
de varejo, 53, 56

Barreiras
de entrada baixas, 33
de escala, 33
tecnológicas, 33

BDMG, 57

Belo Horizonte, 22

BNDES, VI, 40, 58

bolsa de valores, 94, 111

bootstrap, 82

boutiques de M&A, 116

Brasil, VIII, 2, 60, 139

C

CAMC, 18, 30

Capacidade
de pagamento, 42, 69
empreendedora, 83

Capital
próprio, 82
semente, IX, 87, 100

captação de subvenções, V, 149, 153

carta de intenções, 120

cartão de crédito, 53, 64

cash in, 110

cash out, 110

Censo GIFE, 142

ciclo, 65, 79, 110

Cliente
cliente "conservador", 43
cliente "malabarista, 43

CNPq, 140

Comissão de Valores Mobiliários (CVM), 93

compliance, 70, 104, 153

concorrentes, 17, 81

confiança, 13, 78, 125

conformidade de informações e processos, 70, 104

Conhecer os concorrentes, 32

conhecimento de mercado, 101

consistência, 24, 128

Conta
  bancária pessoal, 41
  corrente, 56
  garantida, 41, 53

contrapartida, 49, 146

Contrato de confidencialidade, 119

Contrato
  de empréstimo, 77
  para realização de cobrança bancária, 64

covenant, 41, 69

crédito, XIV, 11, 60, 132

crowdfunding, XX, 44

curva de maturidade, 12

custo, 10, 73, 138

D

desaplicar investimentos, 83

desconto, 42, 51

desenvolvimento, XV, 33, 90, 110

detalhe burocrático, 41

diligência, 76, 121

dinheiro, IX, 84

dívida, V, 60, 102
  quitação do débito, 50

doadores de recursos na forma de subvenção, 139

drag along, 112, 122

due diligence, 76, 109, 121

E

earn out, 107

ecossistema financeiro, XIII, 12

empreendedor, V, 16, 84, 128

empreendimento, IX, 1, 101

Empresa
  iniciante, XX, 2
  do tipo S.A., 104

empréstimo, XIX, 16, 81,

equity, V, 35, 100
  private equity, 37, 81, 100

escolha, XIII, 4, 99

evolução sadia, 33

F

Facebook, 14

factoring, 42, 51

Fapesp, 136

faturamento, 20, 95, 126

feedback, 14, 24, 101

feeling, 7

final agreement, 121

finalidade, 102

financiamento, XI, 54, 136

Finep, 136

fluxo de caixa, XIX, 28, 106

fomento, 41, 76, 136

fontes de subvenção, V, 139

formato inovador, 50

fundações, 90, 135

Fundações, 41, 142

fundo perdido, 39, 88, 146

fundos de investimento, XIV, 31, 112

G

garantia, 8, 42, 104

geração de rentabilidade, 50

gestor, 7, 70, 136

governança, 34, 84

governo, 49, 59, 90, 139

H

Histórico
    história do negócio, 18, 23
    histórico bancário, 42
    histórico de inadimplência, 42

horizonte temporal, 11, 40

I

IFC — International Finance Corporation, 59

impacto social, XX, 26, 142

imposto sobre operações financeiras (IOF), 63

inadimplência, 52, 61

incubadora, 49, 87

indicador, X, 18, 108

info memo, V, 115
    information memorandum, 117

inovar, 25

Instrumentos
    de capital, 38
    de dívida, 38

Internet, 7, 19, 28, 44, 47, 86, 143, 155

Investidor
    anjo, 90, 91, 110
    potencial, 14, 24, 100

investimento, V, 50, 108

IPOs, 97, 111

L

latim *credere*, 8

Linhas
    de crédito, 41, 53
    de financiamento, 69

Link, 14

LOI, 115, 120

M

mandato de venda, 116, 123

mapeamento de investidores, 118

maturidade, XV, 12, 97, 126

mentoria, 88
    mentoring (aconselhamento), 34

mercado financeiro, 1, 64

microcrédito, XIV, 48, 49

microdecisões, 5

modelo de negócio, V, 10, 87
    final agreement, 121
    qualidade estética do projeto, 25
    valuation, 51, 105, 111

mundo financeiro, XVII, 3, 13, 133

N

NDA, 115, 121

negociação, XIV, 7, 60, 120

negócios, VI, 4, 50, 101

network, 13, 24, 35, 81, 118

Non-compete, 112

O

objetivos, XIII, 9, 90, 119, 135

oferta de capital, 87

one page project proposal, 155

ONGs, 135, 139, 142, 159

operação de captação de investimentos, 98

orçamento, 10, 78, 84, 102, 152

organismos multilaterais, 69, 71

organizações aceleradoras, 50
　Aceleradora, 41, 89

organizações internacionais, 60, 139, 155

P

partes relacionadas, 46, 113

peer-to-peer lending, 47, 48

perfil do empreendedor, 2

pesquisa, IX, 18, 32, 88, 106

pessoa física, 42, 54, 66, 85, 93

pitch, 23

plano, V, 17, 150

plataforma, XX, 44, 86

PowerPoint, 17

private equity, 37, 81, 100
　equity, V, 35, 100

Processo
　de análise e avaliação, 134
　de desenvolvimento empresarial, 82
　de negociação, 74, 108

proposta de valor, 24, 26, 130, 132

público-alvo, 22, 75, 118

put option, 113, 122

Q

qualidade estética do projeto, 25

quitação do débito, 50

R

Receita Federal, 71

reciprocidade, 56, 67, 68, 72

Recurso, 1, 37, 65

rede de relacionamento, 13, 44, 84

Região Metropolitana do Rio de Janeiro, 22

relacionamento interpessoal, 108

resiliência, 15

Rio de Janeiro, 17, 119
- Região Metropolitana do Rio de Janeiro, 22

road show, 119, 123

roteiros de captação de recursos, 153

royalties, 136

rubricas de orçamento, 152

S

São Paulo, 119, 148, 154

serviços de táxi, 33

setor bancário no Brasil, 53

setor financeiro, XIII, 82

Situações de estresse financeiro, 28

sociedades anônimas, 122

startup, I, XIII, 31, 76, 106, 156

subsídio, VIII, 135

subvenção, V, 135 - 151

success fee, 116

T

tag along, 112, 122

Taxa
- de abertura de crédito, 64
- de administração, 93
- de juros, 2, 11, 43

term sheet, 115, 124

Tesouro Nacional, 57

Tipos de Banco
- comerciais, 48, 53, 66
- de atacado, 54
- de Fomento, 57
- de negócio, 54
- de varejo, 53, 56

time, 3, 18, 30, 124, 157

timing, 39, 74

títulos, 51, 52, 67

transação comercial, 61

U

universo financeiro, 1

V

valuation, 51, 105, 111

venture capital, 37, 80, 100
   cash in, 110
   cash out, 110

verdade particular, 15

VTV, 18, 30

Impressão e acabamento: